Busche

Waffenrecht für Jäger

AF836447

Weitere Titelempfehlungen (im Buchhandel erhältlich):

- ISBN 9783963944031 Waffenrecht & Waffenkunde für die Jagd
- ISBN 9783963940231 Waffenrecht: Praxiskommentar
- ISBN 9783963940606 Das Waffenrecht im Polizeidienst
- ISBN 9783940723529 Vorbereitung Waffensachkundeprüfung
- ISBN 9783940723727 Waffensachkunde kompakt
- ISBN 9783963944015 Waffenbesitzkarte und Waffenschein
- ISBN 9783940723314 Basiswissen Bewachungsgewerbe
- ISBN 9783963940804 Aufbewahrung & Transport von Waffen
- ISBN 9783963940309 Fachkundeprüfung Waffenhandel

André Busche

Waffenrecht für Jäger

Einführung in das Waffengesetz
und das Beschussgesetz
mit Auszügen aus Gesetzestexten

9. Auflage

Bibliografische Information der Deutschen Nationalbibliothek

Die Deutsche Nationalbibliothek verzeichnet diese Publikation in der Deutschen Nationalbibliografie; detaillierte bibliografische Daten sind im Internet über http://dnb.d-nb.de abrufbar. 14.07.23 22:14:56

Copyright ©: André Busche 2007–2023, alle Rechte vorbehalten
Verlag: Juristischer Fachverlag Busche
Gneisenaustraße 1, 24105 Kiel

Alle Hinweise und Angaben in diesem Buch wurden vom Autor sorgfältig recherchiert. Trotzdem kann keine Gewähr für die Richtigkeit der Angaben gegeben werden.

Die Informationen zu Recht und verwandten Themen dienen der allgemeinen Information und nicht der Beratung im Falle eines individuellen rechtlichen Anliegens. Verwenden Sie daher die hier bereitgestellten Informationen niemals als alleinige Quelle für rechtsbezogene Entscheidungen und ziehen Sie weitere Informationsquellen hinzu.

Das Werk einschließlich seiner Teile ist urheberrechtlich geschützt. Jede zustimmungspflichtige Verwertung, auch auszugsweise, ist ohne schriftliche Zustimmung des Verlages unzulässig und strafbar, insbesondere Nachdruck, Vervielfältigungen, Übersetzungen, elektronische Speicherung oder Verarbeitung, Verfilmung.

ISBN 978-3-96394-051-4

Hinweise auf inhaltliche Ergänzungen, insbesondere im Falle von aktuellen Gesetzesänderungen, erhalten Sie bei Bedarf auf der Website des Verlages zum kostenfreien Download unter **https://www.bookupdate.de**

www.juristischer-fachverlag.de

Inhaltsverzeichnis

Danksagungen

Abbildungen in diesem Buch ohne gesonderte Quellenangabe erfolgen mit freundlicher Genehmigung von

C. G. HAENEL GmbH, Suhl,

C. J. Herbertz GmbH, Solingen

CARL WALTHER, Arnsberg,

HECKLER & KOCH, Oberndorf am Neckar

RUAG AMMOTEC, Fürth

SIG SAUER, Eckernförde

Dank gilt der **Bundesdruckerei** und dem **Bundesministerium des Innern** für die Genehmigung zum Abdruck sowie der **id pool GmbH**, Stuttgart.

Für ihre intensive Mitarbeit auch an diesem Werk danke ich meinen Kollegen EPHK **Olaf Weddern**, PD **Eberhard Becker** und KHK **Olaf März**.

Auch zu dieser Auflage bieten wir Ihnen bei Bedarf PDF-Dateien Hinweisen auf inhaltliche Änderungen oder Ergänzungen im Internetangebot des Verlages zum kostenfreien Download, insbesondere bei Gesetzesänderungen, unter folgender Adresse: **http://www.bookupdate.de**

1. Das Waffengesetz (WaffG)

Das Waffengesetz regelt den Umgang mit Waffen und Munition.[1] Es ist nicht anzuwenden auf Kriegswaffen (diese unterliegen dem Kriegswaffenkontrollgesetz, „KrWaffKontrG") sowie Böller (diese unterliegen dem Beschussgesetz).

1.1. Grundlagen

1.1.1. Zielsetzung des Gesetzes

Das Waffengesetz reguliert die Nutzung von Waffen oder Munition, je nach Art oder Verwendung, durch Freistellung, Verbot oder Erlaubnisvorbehalt. Dabei spielt der Begriff „Bedürfnis" eine zentrale Rolle – wer ein besonders anzuerkennendes Interesse in wirtschaftlicher oder persönlicher Hinsicht glaubhaft machen kann, erhält in der Regel die Erlaubnis zum Umgang – die höchstrichterlich regelmäßig bestätigte[2] Absicht, „so wenig Waffen wie möglich ins Volk" gelangen zu lassen, wird damit allerdings nicht unterlaufen. Die Erteilung der Erlaubnis ist an weitere Voraussetzungen geknüpft, die sich auf körperlich-geistige Eigenschaften wie auch auf das Sozialverhalten des Erlaubnisinhabers beziehen. So soll sichergestellt werden, dass dieser (legale) Waffenbesitz keine Gefahr für die Allgemeinheit darstellt. Entfällt das Bedürfnis oder eine der weiteren Voraussetzungen, etwa die persönliche Eignung durch geistigen Verfall, ist die Erlaubnis zu entziehen.

1.1.2. Systematik des Gesetzes

§ 1 WaffG enthält die wesentlichen Gedanken zur Struktur des Gesetzes:

- **Zweckbestimmungen**
  - Regelung des Umgangs mit Waffen oder Munition
  - Berücksichtigung von Sicherheitsbelangen
- **Begriffsbestimmungen**
  - Waffe
  - Umgang

Ergänzend enthält **Anlage 1 WaffG Begriffsbestimmungen.**

---

[1] *§ 1 Abs. 1 WaffG*

[2] *so in BVerwG 1 C 5/99, Urteil vom 13. Juli 1999*

§ 2 WaffG ergänzt die Ausführungen zur Struktur in § 1 WaffG durch Regelungen zum dort definierten Begriff des Umgangs, indem

- Mindestalter,
- Erlaubnisvorbehalte und Verbote sowie
- Ausnahmen von den vorgenannten Regelungen

beschrieben werden, die sich aus dem weiteren Gesetzestext (zum Mindestalter etwa aus §§ 3, 12, 27 WaffG), aber auch aus der als **Waffenliste** bezeichneten **Anlage 2 WaffG** ergeben.

Einige Waffenarten unterliegen nicht der Erlaubnispflicht. Nach § 41 WaffG kann ungeeigneten Personen, in deren Hand diese Gegenstände Schaden anrichten können, aber jeglicher Umgang mit Waffen untersagt werden.

1.1.3. Waffenbegriff (§ 1 Abs. 2)

Neben **Schusswaffen** und ihnen **gleichgestellten Gegenständen** (SRS-Waffe, Armbrust, Schalldämpfer, wesentliche Teile, Zubehör) können **tragbare Gegenstände**, die **geeignet** sind, die Angriffs- oder Abwehrfähigkeit von Menschen zu beseitigen oder herabzusetzen, eine **Waffe** sein. Das gilt zum einen für solche tragbaren **Gegenstände**, die **ihrem Wesen nach dazu bestimmt** sind, eine **Waffe zu sein** (zum Beispiel Hieb- und Stoßwaffen wie Schlagstock oder Kampfmesser). Zum anderen fallen unter den Waffenbegriff **auch tragbare Gegenstände**, die zwar nach dem Willen des Herstellers **nicht als Waffe hergestellt** worden sind, aber durch ihre Beschaffenheit, Handhabung oder Wirkungsweise **als Waffe dienen können**, vorausgesetzt, sie werden **im Waffengesetz ausdrücklich genannt** (etwa das **Faustmesser** des Kürschners, siehe Anlage 1 WaffG).

Wechselmagazine sind Waffen im Sinne des Gesetzes und müssen vor unbefugtem Zugriff geschützt aufbewahrt werden. Der Umgang mit **Magazinen** für Zentralfeuer-**Langwaffen mit mehr als 10 Patronen** Kapazität oder **Magazinen** für Zentralfeuer-**Kurzwaffen mit mehr als 20 Patronen** Kapazität ist verboten, ebenso Zentralfeuer-**Halbautomaten mit fest eingebautem Magazin** entsprechender Kapazität. Wer vor dem 1. September 2020 ein solches Magazin erworben hat, musste bis zum 1. September 2021 entweder eine Altbesitzregelung nutzen (Anzeigepflicht, gilt nur bei Erwerb vor 13. Juni 2017) oder einen Ausnahmeantrag an das BKA richten (nur bei Erwerb vor 20. Februar 2020), um eine Ausnahme von dem Verbot erteilt zu bekommen. In diesem Falle darf etwa ein grundsätzlich verbotenes Magazin weiterhin besessen und geführt werden, die Weitergabe an eine andere Person ist aber untersagt, da die Ausnahme vom Verbot des Umgangs nur für den berechtigten Altbesitzer gilt.

Schusswaffen sind Gegenstände, die zum Angriff oder zur **Verteidigung**, zur **Signalgebung**, zur **Jagd**, zur **Distanzinjektion**, zur **Markierung**, zum **Sport** oder zum **Spiel** bestimmt sind und bei denen **Geschosse** durch einen **Lauf** getrieben werden. Es müssen keine „heißen Gase" das Geschoss „durch den Lauf treiben" – auch Federdruck- oder Druckluftwaffen fallen unter den Begriff der Schusswaffe und damit unter die Regelungen des Waffengesetzes. Auch **unbrauchbar gemachte Schusswaffen**, sogenannte **Dekorationswaffen**, und **Salutwaffen** sind *Schusswaffen im weiteren Sinne*, unterfallen aber besonderen Vorschriften. So sind Salutwaffen WBK-pflichtig, ebenso solche unbrauchbar gemachten Schusswaffen, die kein Deaktivierungszeichen tragen, das nachweist, dass sie nach den derzeit geltenden EU-Deaktivierungsvorschriften unbrauchbar gemacht worden sind.

Einzelne Gegenstände, die die Definition der Schusswaffe erfüllen, zum Beispiel **Blasrohre**, werden durch die Anlage 2 WaffG aus den Regelungen des WaffG fast vollständig entlassen. Ein **Bogen** ist nicht den Vorschriften des WaffG zu unterwerfen, wenn er nicht zu dem **Zweck** hergestellt wurde, Menschen zu verletzen.[3]

Werkzeuge sind keine Schusswaffen, weil sie **nicht** zu den in der Definition der Schusswaffe genannten Zwecken **bestimmt** sind, selbst dann nicht, wenn ein fester Körper durch ein ausreichend festes Rohr getrieben wird, etwa bei einem **Bolzensetzgerät**.

Mit dem Begriff **„Handfeuerwaffen"** bezeichnet man sowohl Lang- als auch Kurzwaffen. **Handfeuerwaffen** sind alle **tragbaren**[4] **Schusswaffen**.

Feuerwaffen sind definitionsgemäß Schusswaffen, bei denen ein Geschoss mittels heißer Gase durch einen oder aus einem Lauf getrieben wird.[5]

Das **Beschussgesetz** (BeschG) erweitert den Begriff der Feuerwaffe um Geräte zum Abschießen von Munition oder hülsenlosen Treibladungen, bei denen kein Geschoss durch den Lauf getrieben wird.[6] Dadurch fallen beschussrechtlich auch **SRS-Waffen** (**S**chreckschuss-, **R**eizstoff-, **S**ignalwaffen)

---

[3] *Waffenbegriff aus § 1 Abs. 2 Nr. 2 Buchstabe a WaffG*

[4] *„tragbar": Bestimmt, von einer Person aus der Hand bedient zu werden*

[5] *Anlage 1 A1 UA1 Nr. 2.1 WaffG*

[6] *§ 2 Abs. 1 BeschG*

unter den Begriff der Feuerwaffe; waffenrechtlich gelten sie als der Schusswaffe gleichgestellte tragbare Gegenstände, die zwar zum Abschießen von Munition bestimmt sind, in denen aber eben kein Geschoss durch einen Lauf getrieben wird.[7]

Die Definitionen der Begriffe Langwaffe und Kurzwaffe findet sich in der Anlage 1 des WaffG. Danach sind **Langwaffen** Schusswaffen, deren **Lauf und Verschluss** in geschlossener Stellung insgesamt **länger als 30 cm** sind und deren kürzeste bestimmungsgemäß verwendbare **Gesamtlänge 60 cm überschreitet. Kurzwaffen** sind alle anderen Schusswaffen, somit also Waffen, die **höchstens 60 cm** lang sind oder deren **Lauf und Verschluss** eine Gesamtlänge von **höchstens 30 cm** haben. Entscheidend ist das Wort „und" in der Definition der Langwaffe – nur wenn beide Bedingungen, Gesamtlänge der Waffe über 60 cm und Gesamtlänge von Lauf und Verschluss über 30 cm, erfüllt sind, handelt es sich um eine Langwaffe. Schusswaffen mit glattem Lauf werden als **Flinten** bezeichnet, solche mit gezogenem Lauf oder Polygonlauf als **Büchsen. Pistolen** sind Kurzwaffen, bei denen Patronenlager und Lauf in der Regel eine Einheit bilden. Bei einem **Revolver** sind Patronenlager und Lauf dagegen einzelne, nicht direkt miteinander verbundene Teile einer Waffe. Dabei erfüllt die Trommel des Revolvers einerseits die Funktion des Patronenlagers, andererseits die des Magazins.

Schusswaffen gleichgestellt sind neben tragbaren **Schussapparaten** und **SRS-Waffen** auch die **Armbrust** (Anlage 1 A1 UA1 Nr. 1.2 WaffG) und das **Pfeilabschussgerät**. Die Armbrust ist keine Schusswaffe, da sie keinen Lauf hat. Durch die unbedingte Gleichstellung sind Vorschriften zu Schusswaffen grundsätzlich aber auch auf die Armbrust anzuwenden.

Wesentliche Teile einer Schusswaffe sind insbesondere der **Lauf** oder **Gaslauf**, der **Verschluss** und das **Patronen- bzw. Kartuschenlager** (Anlage 1 A1 UA1 Nr. 1.3.1 WaffG) sowie das **Gehäuse** und das **Griffstück**, wenn es den Auslösemechanismus aufnimmt (Anlage 1 A1 UA1 Nr. 1.3.4 WaffG). Sie sind **den Schusswaffen gleichgestellt, für die sie bestimmt sind,** soweit das Gesetz im Einzelfall keine anderen Vorschriften enthält. So gilt für den Erwerb und Besitz eines Laufes für eine erlaubnispflichtige Kurzwaffe die Erlaubnispflicht grundsätzlich in vollem Umfang – zu den **Ausnahmen** für bestimmte Austausch- und Wechselläufe lesen Sie bitte Kapitel 1.3.8. Sind Erwerb und Besitz einer Waffe erlaubnisfrei (z. B. Druckluftwaffe mit Kennzeichen „F im Fünfeck"), kann auch der Lauf für eine solche Waffe erlaubnisfrei erworben und besessen werden.

---

[7] *somit keine Schusswaffe, nur Waffe; Anlage 1 A1 UA1 Nr. 1.2.1 WaffG*

Schalldämpfer sind **kein wesentliches Teil einer Schusswaffe**. Da sie nach Anlage 1 A1 UA1 Nr. 1.3 WaffG der Schusswaffe, für die sie bestimmt sind, **gleichgestellt** sind, sind die Vorschriften für diese Schusswaffe auch auf den Schalldämpfer anzuwenden, sofern das Gesetz nichts anderes bestimmt. Wird also ein Bedürfnis für den Erwerb und Besitz eines Schalldämpfers nachgewiesen, kann die zuständige Behörde eine Erlaubnis erteilen.

Für **Jäger** gilt eine besondere Regelung. Nach § 13 Abs. 9 WaffG gelten für **Schalldämpfer** die gleichen Erleichterungen für Erwerb und Besitz wie für Langwaffen (somit nur gültiger Jagdschein[8] und im Falle des dauerhaften, also nicht nur vorübergehenden Besitzes, Eintragung in WBK erforderlich); dies gilt aber nur für Schalldämpfer, die an Langwaffen für Munition mit Zentralfeuerzündung im Rahmen der Jagd (Jagdwaffen) und des jagdlichen Übungsschießens genutzt werden dürfen.

Schalldämpfer zählen nach § 2 Abs. 2 BeschG (Beschussgesetz) nicht zu den höchstbeanspruchten Teilen einer Schusswaffe und unterliegen nicht der **Beschusspflicht** nach § 3 BeschG. Damit ist auch die Anbringung von **Prüfzeichen** nicht vorgeschrieben. Gleiches gilt für die **Kennzeichnung** nach § 24 WaffG mit einer Seriennummer oder Herstellerangabe. Gleichwohl sollte auf freiwilliger Basis vor Eintragung eines Schalldämpfers in eine WBK eine dauerhafte Kennzeichnung (Gravur, Laser etc.) vorgenommen werden, um die Eintragung mit einem eindeutigen Kennzeichen (Seriennummer, Besitzerkürzel o.ä.) vornehmen zu können.

Ist fraglich, wie ein Gegenstand rechtlich einzuordnen ist, entscheidet das **Bundeskriminalamt** (BKA).[9] Dabei ist allerdings zu beachten, dass die Entscheidungen des BKA keinen Gesetzesrang haben, sondern lediglich zur **Klärung von Zweifelsfällen** dienen sollen. Eine durch das Waffengesetz bestimmte Regelung kann also nicht durch das BKA aufgehoben oder verändert werden.[10] Ebenso ist zu beachten, dass sich solche Entscheidungen in der Regel auf einen konkreten Einzelfall beziehen müssen.[11]

---

[8] Für Erwerb und dauerhaften Besitz Jahresjagdschein erforderlich; zur Differenzierung Tages- und Jahresjagdschein vertiefend Abschnitt 0

[9] § 2 Abs. 5 in Verb. mit § 48 Abs. 3 WaffG, § 6 Abs. 4 AWaffV

[10] OLG Karlsruhe, Urteil vom 27.04.2007 - 1 Ss 75/ 06 – Unwirksamkeit Feststellungsbescheid des BKA (KT 21/ZV 25-55164.01 - Z - 33) zur Einstufung von Spielzeugwaffen mit Festlegung der Energiegrenze

[11] BVerwG 6 C 21.08, Urteil vom 24. Juni 2009

Die Entscheidungen des BKA ergehen in Form von **Feststellungsbescheiden**, die öffentlich bekannt gemacht werden. Sie sind auf der Website des BKA einsehbar.

1.1.4. Umgang (§ 1 Abs. 3, Anlage 1 Abschnitt 2)

„Umgang“ mit einer Waffe oder Munition hat, wer diese erwirbt, besitzt, überlässt, führt, verbringt, mitnimmt, damit schießt, diese herstellt, bearbeitet, instand setzt, damit Handel treibt oder sie unbrauchbar macht[12]. Betrachten wir die im Alltag relevanten **Umgangsarten** im Sinne des Waffengesetzes – zur Vereinfachung beschränkt auf „Waffen“.

„**Tatsächliche Gewalt**“ bedeutet, dass der Inhaber der tatsächlichen Gewalt nach seinem Willen über die Waffe verfügen kann.

Erwerb: Es erwirbt, wer die tatsächliche Gewalt über eine Waffe erlangt, sie also an sich nimmt oder auch findet. Der **Kauf** einer Waffe ist dagegen **kein Erwerb**, da die Zahlung des Kaufpreises nur das Eigentumsrecht überträgt, nicht aber die tatsächliche Gewalt!

Besitz: Es besitzt, wer die tatsächliche Gewalt über die Waffe ausübt, sie beispielsweise bei sich trägt oder im Safe aufbewahrt.

Überlassen: Es überlässt, wer anderen die tatsächliche Gewalt über die Waffe einräumt, sie also beispielsweise weitergibt an einen Dritten.

Führen ist jedes Ausüben der tatsächlichen Gewalt über eine Waffe (nicht aber über Munition) außerhalb der eigenen Wohnung oder Geschäftsräume, des eigenen befriedeten Besitztums oder einer Schießstätte. Zu beachten ist das **erlaubnisfreie Führen** nach § 12 Abs. 3 WaffG, „**Transport**“ genannt – auch wenn es hier um eine Waffe geht, auf die der Besitzer nicht sofort zugreifen kann, handelt es sich um ein Führen im Sinne des WaffG. Beachten Sie die Hinweise zum **Führen von Anscheinswaffen** ab Seite 38.

Eine Waffe **verbringt**, wer diese „über die Grenze zum dortigen Verbleib oder mit dem Ziel des Besitzwechsels in den, durch den oder aus dem Geltungsbereich des Gesetzes zu einer anderen Person oder zu sich selbst transportieren lässt oder selbst transportiert.“ Verbringen setzt einen Grenzübertritt voraus, bezieht sich also nicht auf den Transport im Inland.

Vom Verbringen zu unterscheiden ist die **Mitnahme**. Eine Waffe nimmt mit, wer diese Waffe ohne Aufgabe des Besitzes und zur Verwendung (z. B.

---

[12] *§ 1 Abs. 3 WaffG*

Wettkampf, Jagdreise) vorübergehend auf einer Reise über die Grenze einführt, ausführt oder durch Deutschland bringt.

„**Bearbeiten**" und „**Instandsetzen**" sind Personen vorbehalten, die eine besondere Erlaubnis besitzen - nur geringfügige Änderungen, etwa am Schaft oder an der Visierung, dürfen „in Heimarbeit" durchgeführt werden. Auch das **Brünieren** (Behandlung einer metallischen Oberfläche mit einer Salzlösung sauer oder basisch, um einen Rostschutz zu erzeugen) gilt als „geringfügig". Andere Arbeiten, die die Funktionsweise, technischen Maße (Lauflänge, Kaliber, Patronenlager) oder die Sicherheit der Waffe verändern, sind „Bearbeitung", ebenso Nacharbeiten, die für die Einpassung eines „wesentlichen Teils" der Waffe notwendig sind.

Beim „**Handel**" stellt der Gesetzgeber auf eine wirtschaftliche Unternehmung ab – doch **Vorsicht**: Je nach Umfang der Tätigkeit kann auch ein Privatmann schnell als „Händler" gelten.[13] Und dann wäre der Verkauf eines erlaubnisfrei zu erwerbenden Gasrevolvers über eine Internet-Börse kein Privatverkauf mehr, sondern Handel im Sinne des § 21 WaffG. So können auch Jäger, die Waffen regelmäßig oder in kurzen Zeitabständen erwerben und überlassen (etwa durch Ankauf von Nachlässen), rasch den **Tatbestand des unerlaubten Handelns** mit Schusswaffen erfüllen.

Schießen ist das Verschießen von Geschossen mit einer Schusswaffe aus einem Lauf, Abschießen von Kartuschenmunition ("Platzpatronen") oder das Verschießen von Wirkstoffen (z. B. Tränengas) mit Patronen- oder Kartuschenmunition. Eine **Armbrust** ist keine Schusswaffe, aber den Schusswaffen gleichgestellt[14]; alle Regelungen, die sich auf das Schießen beziehen, sind auf Armbrüste anzuwenden (etwa die Erlaubnispflicht für das Schießen), ohne dass dies Schießen im Sinne des Waffengesetzes ist.

Umgang mit Waffen und Munition dürfen nach § 2 WaffG nur Personen haben, die das 18. Lebensjahr vollendet haben. Für **Kinder und Jugendliche** eröffnet § 3 WaffG Ausnahmemöglichkeiten, beispielsweise Jugendlichen für den Umgang mit Waffen oder Munition im Rahmen der beruflichen Ausbildung oder beruflichen Tätigkeit unter Aufsicht eines weisungsberechtigten Erlaubnisinhabers, nicht aber im privaten Bereich. Kindern und Jugendlichen kann der Umgang mit Waffen und Munition in Form einer

---

[13] Zur Einschätzung siehe Rechtsprechung zum Begriff des „gewerblichen Händlers" auf Internet-Auktionsplattform in: BGH I ZR 3/06, Urteil vom 04. Dezember 2008

[14] Anlage 1 A1 UA1 Nr. 1.2.2 WaffG; keine Schusswaffe, lediglich Waffe

behördlichen Ausnahmegenehmigung erlaubt werden. In der Regel gilt für diese Altersgruppen (Kinder: bis 14 Jahre; Jugendliche: mindestens 14, aber noch nicht 18) aber ein **absolutes Umgangsverbot mit Waffen und Munition**. Eine **Ausnahme** bildet hier das **Schießen**, insbesondere Sportschießen, **unter Aufsicht** nach § 27 Abs. 3 bis Abs. 6 WaffG in Vereinen, an „Schießbuden" auf Jahrmärkten oder bei einem **Umgang in der Jagdausbildung**.

Der Umgang mit **geprüften Reizstoffsprühgeräten** („CS-Gas") ist bereits **ab 14 Jahren ohne weitere Erlaubnis gestattet. Tierabwehrsprays** („Pfefferöl") unterliegen nicht dem Waffengesetz, da sie nicht zum Einsatz gegen Menschen bestimmt und nicht im Waffengesetz genannt werden, obwohl die Eignung vorhanden ist.

1.1.5. Voraussetzungen für den Umgang mit Waffen (§ 4)

Der Umgang mit Waffen oder Munition, die der Erlaubnispflicht unterliegen (Anlage 2 A2 UA1 WaffG), bedarf der Erlaubnis der zuständigen Behörde. Das ist nach § 3 VwVfG jene Behörde, in deren Bezirk der Antragsteller seinen **gewöhnlichen Aufenthaltsort** hat - in der Regel der Erstwohnsitz, in begründeten Fällen aber auch der Zweitwohnsitz, etwa bei Studierenden.

Zentrale Vorschrift für waffenrechtliche Erlaubnisse ist § 4 WaffG. Er fordert für die Erteilung einer waffenrechtlichen Erlaubnis:

- **Mindestalter**; Antragsteller hat das 18. Lebensjahr vollendet (nach § 14 Abs. 1 WaffG für Sportschützen: 21. Lebensjahr)
- **Zuverlässigkeit** (Seite 18) und **persönliche Eignung** (Seite 21)
- Nachweis von **Sachkunde** (beim Jäger durch die Jägerprüfung bereits nachgewiesen[15]) und **Bedürfnis** (Seite 23)

Bei Beantragung eines **Waffenscheines** oder einer **Schießerlaubnis** wird zudem der Nachweis einer bestehenden **Haftpflichtversicherung** für Personen- und Sachschäden in Höhe von einer Million Euro gefordert.

Eine weitere, nicht in § 4 WaffG genannte **Voraussetzung** für die Erteilung einer Erwerbserlaubnis ist der in § 36 Abs. 3 WaffG geforderte **Nachweis der sicheren Aufbewahrung** für die beantragte Waffe.

---

[15] Zur Möglichkeit der Erteilung einer WBK noch vor erfolgreich abgelegter Jägerprüfung siehe auch Abschnitt 3.6.1.1

Die **Prüfung der Zuverlässigkeit und der persönlichen Eignung** soll nach mindestens **drei Jahren** von der Behörde wiederholt werden, danach in regelmäßigen Abständen **(Regelüberprüfung)**. Gleiches gilt für das Bestehen der Haftpflichtversicherung für Inhaber eines Waffenscheines oder einer Schießerlaubnis. Die zuständige Behörde kann den Erlaubnisinhaber mit den **Kosten** der Regelüberprüfung belasten.[16] Dazu kommt die fortlaufende **Prüfung des Bedürfnisses nach Ablauf von jeweils fünf Jahren**.

Für die Prüfung des **Bedürfnisses** zum Erwerb und Besitz sowie das Führen von Schusswaffen ist § 8 WaffG eine zentrale Vorschrift und der Paragraph, auf dem die Regelung spezieller Bedürfnisse beruht. Er enthält eine **Aufzählung bestimmter Bedürfnisgruppen**, die aber **nicht abschließend** ist. Regelt das Waffengesetz das Bedürfnis nicht ausdrücklich durch Schaffung einer Bedürfnisgruppe wie etwa bei den Jägern (§ 13) oder Sportschützen (§ 14), die auch in § 8 WaffG ausdrücklich genannt werden, muss bei der Bewertung eines durch den Antragsteller geltend gemachten Bedürfnisses erforscht werden, ob dieses Bedürfnis gemäß § 8 WaffG vorhanden ist, und zwar durch Auslegung (Beispiele: Tierarzt, Erprobungsstelle u. ä.).

Zentrale Forderung des Gesetzes ist, dass die Belange der öffentlichen Sicherheit und Ordnung bei Erteilung einer waffenrechtlichen Erlaubnis als schützenswertes Gut berücksichtigt werden. Es erfolgt insofern eine Abwägung zwischen dem Interesse des Einzelnen an der Erlaubnis zum Umgang mit Waffen und dem Bedürfnis der Allgemeinheit nach Schutz vor Gewalt.

Die **Erlaubnis zum Erwerb und Besitz** von **Waffen** wird durch eine **Waffenbesitzkarte** (WBK) dokumentiert. Neben der grünen WBK existiert eine gelbe „WBK für Sportschützen“ und eine rote „WBK für Sammler und Sachverständige“.

Neben dem Inhaber der WBK können **weitere Personen** als Berechtigte eingetragen werden, wenn sie ebenfalls alle Voraussetzungen erfüllen, die tatsächliche Gewalt über die eingetragenen Waffen ausüben können und das gleiche Bedürfnis nachgewiesen haben.

Die Erlaubnis zum Erwerb und Besitz von **Munition** kann entweder durch **Eintragung in die WBK** erteilt werden oder durch die Ausstellung eines **Munitionserwerbscheins** („MES“, Farbe hellbraun).

Die **Erlaubnis zum Führen** einer **Waffe** wird durch den blauen **Waffenschein** dokumentiert. Auch der **Jagdschein** erlaubt unter bestimmten

---

[16] *BVerwG 6 C 30.08, Urteil vom 01. September 2009*

Voraussetzungen das Führen von Waffen durch Jäger, ist aber keine waffenrechtliche, sondern eine jagdrechtliche Erlaubnis (siehe Kapitel 3.4).

Eintragungen in diese Dokumente dürfen grundsätzlich nur durch die zuständige Behörde vorgenommen werden.[17] Eine Eintragung durch andere Personen, etwa auch den Inhaber der Erlaubnis, ist zwar keine Urkundenfälschung, solange keine vorhandenen Daten verändert werden, aber gesetzlich nicht vorgesehen.

Waffenbesitzkarten sind binnen zwei Wochen nach Erwerb oder Überlassung einer Schusswaffe der Behörde zur Berichtigung vorzulegen.

Eine weitergehende Erläuterung der unterschiedlichen Arten von waffen- und jagdrechtlichen Erlaubnissen finden Sie in diesem Buch ab Seite 79.

1.1.6. Zuverlässigkeit (§ 5)

Bezüglich der **Zuverlässigkeit** des Waffenbesitzers gibt es einen ganzen Kanon von Versagungsgründen, die sich in § 5 WaffG finden – bitte lesen Sie die Vorschrift im Gesetz nach.

Absatz 1 zählt hier die Gründe auf, die **in jedem Falle** der Erteilung einer waffenrechtlichen Erlaubnis entgegenstehen oder zu einem Widerruf bereits erteilter Erlaubnisse führen. Dazu zählen sowohl rechtskräftige Verurteilungen als auch *„Tatsachen, die die Annahme rechtfertigen"*, dass die erforderliche Zuverlässigkeit nicht vorliegt.

Absatz 2 dagegen stellt auf die Formulierung „**in der Regel**" ab – hier wäre also durch die Behörde eine zusätzliche Abwägung notwendig, wobei hier „im Zweifel gegen den Antragsteller" zu entscheiden ist. Als Arten von Handlungen kommen hier beispielsweise in Betracht:

- Vorsätzliche Straftaten (Delikt<u>art</u> unerheblich)
- Fahrlässige Straftaten (mit Waffen, Munition oder explosionsgefährlichen Stoffen, gemeingefährliche Delikte)
- Straftaten nach dem Waffengesetz, Kriegswaffenkontrollgesetz, Sprengstoffgesetz oder Bundesjagdgesetz
- Betätigung oder Mitgliedschaft in Gruppierungen, die sich gegen die verfassungsmäßige Ordnung richten (z. B. sog. Reichsbürger)

---

[17] *§ 34 Abs. 2 Satz 2 WaffG*

Entscheidend ist hier, dass eine Freiheitsstrafe, Jugendstrafe, Geldstrafe von mindestens 60 Tagessätzen oder mindestens zweimal eine Geldstrafe rechtskräftig verhängt worden ist.

Der **Verlust einer Schusswaffe**[18] kann ausreichend für die Annahme der Unzuverlässigkeit durch die zuständige Waffenbehörde sein – bereits ein einmaliges Fehlverhalten dieser Art führt zu einer negativen Prognose und rechtfertigt den Widerruf einer waffenrechtlichen Erlaubnis, da von Waffen und Munition eine große Gefahr für Leib und Leben Dritter und damit für höherrangige Rechtsgüter ausgeht, wenn diese in die Hände Unbefugter kommen.[19] [20] Gleiches gilt für **missbräuchlichen oder leichtfertigen Umgang mit Schusswaffen** oder Munition, etwa durch einen Schuss mit dem Schrotgewehr in die Luft, um damit auf den Lärm einer Party in der Nachbarschaft „zu antworten",[21] oder durch **Befestigen einer Lampe** an einer Jagdwaffe (dabei auch geahndet: **Verstoß** gegen **Transportvorschriften**).[22] Insbesondere Delikte, die Dritte gefährden, sind bei einer Überprüfung zu beachten – so kann eine Verurteilung wegen **Trunkenheit im Straßenverkehr** ein Anhaltspunkt für eine Regelunzuverlässigkeit im Umgang mit Waffen sein. Erhält die Behörde im Zuge der Regelüberprüfung Kenntnis von einer Verurteilung wegen Trunkenheit („typische Trunkenheitsfahrt", Vermutung einer „hohen Alkoholtoleranz"), kann sie auf eine mangelnde Zuverlässigkeit schließen und Erlaubnisse widerrufen.[23] Auch ein „**weinrechtlicher Verstoß**" mit einer Verurteilung zu 90 Tagessätzen kann den sofortigen Widerruf waffen- und jagdrechtlicher Erlaubnisse rechtfertigen.[24]

---

[18] *§ 5 Abs. 1 Nr. 2 Buchstabe b WaffG*

[19] *OVG Lüneburg 11 LA 389/09, Beschluss vom 19. April 2010*

[20] *BayVGH Mün. 21 CS 10.164, 21 C 10.731, Urteil vom 24. März 2010*

[21] *OVG Rh.-Pfalz 7 A 10410/10.OVG, Beschluss vom 29. April 2010*

[22] *BayVGH München 21 CS 10.392, Urteil vom 30. März 2010*

[23] *VG Minden 8 K 570/07, Gerichtsbescheid vom 14. September 2007 mit Bezug auf BVerwG 1 C 31.92 und BVerwG 1 CB 24.91, trotz mittlerweile wieder erteilter Fahrerlaubnis nach Sperrzeit*

[24] *VG Mainz 1 L 219/11.MZ, Beschluss vom 27. April 2011*

1.1.7. Umgang mit Waffen unter Alkoholeinfluss

Der **Gebrauch einer Schusswaffe unter Alkoholeinfluss** führt zum Verlust der Zuverlässigkeit.[25] Das **Mitführen einer Waffe** in einem abgeschlossenen Behältnis ist **kein Gebrauch machen** im Sinne dieser Entscheidung, **kann** aber gleichwohl die **Unzuverlässigkeit begründen**, da es die Prognose nach § 5 Abs. 1 Nr. 2 Buchst. b WaffG rechtfertigt.[26] Dies gilt auch für ein Hantieren mit der Waffe, ohne von der Waffe Gebrauch zu machen.[27]

Was unter „Alkoholeinfluss" konkret zu verstehen ist, etwa in Form verlässlicher und durch eine Blutprobe ermittelbare Promillewerte, ist weder gesetzlich noch durch die Rechtsprechung vorgegeben oder geklärt. Vielmehr ist darauf abzustellen, dass sicher ausgeschlossen werden kann, dass der im Körper des Betroffenen befindliche und wirksame Alkohol zu alkoholbedingten Ausfallerscheinungen führt.[28] Dabei ist allerdings nicht auf die spezifischen körperlichen Voraussetzungen abzustellen oder auf die vor dem Alkoholgenuss eingenommene Mahlzeit, sondern vielmehr die Lebenserfahrung zugrundezulegen, ob die genossene Menge an Alkohol zu Ausfallerscheinungen führen könnte. Unmittelbar vor und bei einem Schusswaffengebrauch besteht ein vollständiges Alkoholkonsumverbot.[29]

Anders als die im folgenden Kapitel dargestellte, die persönliche Eignung nach § 6 WaffG ausschließende Alkoholabhängigkeit, die durch einen Gutachter festzustellen oder auszuschließen ist, kann der Umgang unter Alkoholeinfluss Tatsache sein, die der behördlichen Prognose nach § 5 Abs. 1 Nr. 2 Buchst b. WaffG zugrundezulegen ist. Entscheidend ist, ob der jeweilige Umgang, selbst mit geringer Wahrscheinlichkeit, durch den Grad der

---

[25] *BVerwG 6 C 30.13, Urteil v. 22. Okt. 2014, nach OVG Münster 20 A 2430/11*

[26] *OVG Lüneburg 11 ME 35/16, Beschluss vom 22. März 2016*

[27] *VGH Baden-Württemberg 1 S 1726/17, Urteil vom 26. Oktober 2018*

[28] *BVerwG 6 C 30.13 weist diesbezüglich in Rn. 18 einen Widerspruch auf: Zunächst wird auf Nüchternheit abgestellt, dann aber auf eine Menge von Alkohol, die die Reaktionsfähigkeit mindern könnte; insofern ist aus dieser Entscheidung nicht eindeutig ersichtlich, dass eine absolute Nüchternheit gefordert ist.*

[29] *HH OVG 5 Bf 475/19.Z, Beschluss vom 26. Februar 2021; dagegen stellte BayVGH 24 CS 20.1010, Beschluss vom 18. Juni 2020, auf die Hinnehmbarkeit eines gewissen Quantums an Alkoholkonsum ab.*

Alkoholisierung des Waffenbesitzers und seinen tatsächlichen Zustand im Moment des Umgangs eine Gefahr für die Belange der öffentlichen Sicherheit und Ordnung darstellte. Ob und in welchem Umfang alkoholbedingte Ausfallerscheinungen eintreten, ist unerheblich.

Insbesondere das **Schießen** mit Schusswaffen darf nur unter der Bedingung erfolgen, dass vom Gebrauch der Waffe kein Risiko für Dritte ausgeht. Wird die Waffe **schussbereit geführt**, etwa bei der Jagd oder im Zusammenhang damit, zur Selbstverteidigung oder bei einer Bewachungstätigkeit, muss der Waffenträger nüchtern sein, da die Waffe zum Zwecke einer möglichen Schussabgabe geführt wird. Hier ist analog zum Dienst im Bewachungsgewerbe nach der DGUV Vorschrift 23 die Nüchternheit des Waffenführenden zu fordern, um Unglücksfällen effektiv vorzubeugen.

1.1.8. Persönliche Eignung (§ 6)

Die erforderliche **persönliche Eignung** besitzen nach § 6 WaffG Personen nicht, die geschäftsunfähig sind oder abhängig von Alkohol oder anderen Rauschmitteln, die psychisch krank oder debil sind. Auch Zweifel an der Fähigkeit, sorgfältig mit Waffen und Munition umzugehen, stehen der Erteilung einer Erlaubnis entgegen bzw. begründen den Widerruf der Erlaubnis und auch die Sicherstellung von Waffen.[30] Um diesbezüglich den Antragsteller zu überprüfen, kann die Ordnungsbehörde die örtliche Polizei über Erkenntnisse zum Antragsteller befragen – auch der subjektive Eindruck beim Kontakt mit dem Antragsteller kann Zweifel an dessen persönlicher Eignung aufkommen lassen.

Die persönliche Eignung bezieht sich nicht nur auf geistige, sondern auch auf körperliche Eigenschaften des Antragstellers.

Die körperliche Gesundheit bezieht sich auf die Fähigkeit, eine Schusswaffe sicher zu beherrschen. Im Falle einer chronischen Erkrankung, die diese Fähigkeit vorübergehend einschränken kann (z. B. Epilepsie, Diabetes Mellitus), ist sicherzustellen, dass eventuelle Symptomatiken wie etwa Ausfallerscheinungen, Bewusstlosigkeit, Krämpfe o. ä. durch Einnahme geeigneter Medikamente unterdrückt werden können. Es ist in diesem Falle durch ein amts- oder fachärztliches Gutachten (§ 4 AWaffV) nachzuweisen, dass sich der Antragsteller in ärztlicher Behandlung befindet und aus fachkundiger Sicht keine Bedenken bestehen, die gegen einen Umgang mit

---

[30] *VG Oldenburg 11 B 4175/06, Beschluss vom 26. Sept. 2006*

Schusswaffen sprechen, bei dem jederzeit eine vollständige Kontrolle des Körpers gewährleistet sein muss.

Die in § 6 Abs. 1 WaffG festgelegten Versagungsgründe, speziell die „Abhängigkeit", müssen nicht durch rechtskräftiges Gerichtsurteil festgestellt worden sein. Wenn Tatsachen die Annahme rechtfertigen, dass der Antragsteller beispielsweise alkoholabhängig ist, hat die Behörde die Möglichkeit, den Antragsteller zur Vorlage eines amts- oder fachärztlichen oder fachpsychologischen Gutachtens nach § 4 AWaffV zu verpflichten. Diese Forderung kann nicht angefochten werden und ist durch den Antragsteller zu erfüllen. Weigert sich der Antragsteller, darf die Behörde nach § 4 Abs. 6 AWaffV auf **Nichteignung** schließen.

Der Antragsteller hat die **Kosten** des Gutachtens zu tragen (§ 6 Abs. 2 WaffG). Er hat die Behörde darüber zu **informieren**, wen er mit der Erstellung des Gutachtens beauftragt hat (§ 4 Abs. 3 AWaffV) – damit soll verhindert werden, dass im Falle eines negativen Gutachtens ein weiterer Gutachter beauftragt wird („Gutachter-Hopping").

Jäger sind nach § 13 Abs. 2 WaffG von der generellen Pflicht zur Begutachtung für Antragsteller unter 25 Jahren ausgenommen. Hier geht der Gesetzgeber davon aus, dass die Zeit der Ausbildung zum Jäger den Ausbildern und Prüfern ausreichend Gelegenheit gibt, geistig oder körperlich ungeeignete Personen zu erkennen und durch deren Ausschluss aus der Ausbildung zu verhindern, dass diese Personen als Jäger Waffen erwerben können.

Ist der Antragsteller **Dienstwaffenträger**, etwa Polizeivollzugs- oder Zollbeamter mit Laufbahnprüfung, **entfällt** bei Personen unter 25 Jahren die **Begutachtung**. Voraussetzung dafür ist eine Bescheinigung des Dienstherrn des Antragstellers, dass eine Begutachtung der geistigen Eignung bereits stattgefunden hat, etwa im Rahmen der Ausbildung. Aus der Bescheinigung muss hervorgehen, dass der Antragsteller ohne Einschränkung zum Umgang mit Dienstwaffen berechtigt ist.

Als **Gutachter** kommen nach § 4 Abs. 2 AWaffV in Betracht Amtsärzte, Psychiater, approbierte Psychotherapeuten, Fachärzte für psychotherapeutische Medizin und Fachpsychologen. **Zwischen** dem **Gutachter** und dem **Antragsteller** darf in den fünf Jahren vor Begutachtung **kein Behandlungsverhältnis** bestanden haben. Dies hat der Gutachter zu bestätigen. Er darf allerdings Kontakt mit dem behandelnden Arzt (also Hausarzt oder Facharzt) des Antragstellers aufnehmen, um sich ein umfassendes Bild zu verschaffen.

Zentrale Frage des Gutachtens ist, ob der Antragsteller die **nötige geistige und emotionale Reife** besitzt, um **verantwortungsvoll** mit Schusswaffen umzugehen. Sieht der Gutachter diese Anforderung nicht vollständig erfüllt, ist es möglich, dass die Waffenbehörde weitergehende Untersuchungen des Antragstellers anordnet.

1.1.9. Bedürfnis (§ 8)

In waffenrechtlicher Hinsicht handelt es sich bei dem Bedürfnis um den **Nachweis** des Antragstellers, dass er die beantragte Waffe oder Munition **benötigt**, um etwa seinem Sport oder Hobby, seinem Beruf oder der Jagd nachzugehen. § 8 WaffG stellt Gruppen heraus, deren Bedürfnis besonders anzuerkennen ist, vor allem Jäger, Sportschützen, Brauchtumsschützen, Sammler, Sachverständige, gefährdete Personen, Hersteller, Händler oder Bewachungsunternehmer.

So muss etwa eine gefährdete Person eine **konkrete und erhebliche Gefahr** benennen, die durch eine waffenrechtliche Erlaubnis **verringert** werden kann. Ein Sportschütze muss eine Bescheinigung beibringen, dass er die Waffe zur Ausübung seines Sports benötigt. Zudem muss die beantragte Waffe oder Munition **geeignet** und **erforderlich** sein, den **Zweck** des Bedürfnisses zu **erfüllen**.

Entfällt das Bedürfnis, ist auch die erteilte Erlaubnis zu widerrufen, etwa im Falle des **Jägers**, indem er keinen Jahresjagdschein löst.

An die Bedürfnisprüfung wird insbesondere bei Beantragung eines Waffenscheins ein sehr strenger Maßstab angelegt. Das Bedürfnis wurde beispielsweise bei einem Arzt angenommen, der bei nächtlichen Krankenbesuchen mehrfach mit Waffen bedroht worden war,[31] nicht aber bei einem Waffenhändler, der sich auf eine besondere Gefahr beim Transport von Waffen in großer Stückzahl berief.[32]

1.2. Aufbewahrung von Waffen und Munition (§ 36)

1.2.1. Übersicht

An Behältnisse für die Aufbewahrung von erlaubnispflichtigen Waffen und Munition stellt § 36 WaffG in Verbindung mit §§ 13, 14 AWaffV besondere

---

[31] *VG Arnsberg 14 K 50/06, Urteil vom 5. November 2007*

[32] *VG Darmstadt 5 K 147/08.DA, Urteil vom 30. April 2009*

Anforderungen. Diese Bedingungen unbedingt zu erfüllen ist die Pflicht des Waffenbesitzers – die Überwachung obliegt der zuständigen Behörde.

Die Überprüfung der sicheren Aufbewahrung erfordert die Mitwirkung des Hausrechtsinhabers. Gegen den Willen des Hausrechtsinhabers darf die Waffenbehörde die Räumlichkeiten nicht betreten. Verweigert ein Waffenbesitzer die Kontrolle seiner Waffenaufbewahrung ohne nachvollziehbare Begründung, verstößt er aber gegen seine gesetzlich festgeschriebene Mitwirkungspflicht bei behördlichen Maßnahmen, was zum Verlust der Zuverlässigkeit führen kann.

Für **erlaubnispflichtige** Waffen und verbotene Waffen (etwa in der Hand von Gutachtern) sieht § 36 WaffG in Verbindung mit § 13 AWaffV die Aufbewahrung in besonders klassifizierten Behältnissen, sogenannten **Waffenschränken**, oder in **Waffenräumen** vor.

Drei Stufen von Sicherheitsbehältnissen werden als Mindestvoraussetzung für die Aufbewahrung erlaubnispflichtiger Waffen und Munition genannt:

- **Widerstandsgrad 0 (Null)** nach DIN/EN 1143-1, mit einem Behälter-Eigengewicht[33] unter 200 kg: Bis zu fünf Kurzwaffen und verbotene Waffen, Langwaffen ohne zahlenmäßige Begrenzung; Munition darf gemeinsam mit den Waffen aufbewahrt werden;

- **Widerstandsgrad 0 (Null)** nach DIN/EN 1143-1, mit einem Behälter-Eigengewicht von mindestens 200 kg: Bis zu zehn Kurzwaffen und verbotene Waffen, Langwaffen ohne zahlenmäßige Begrenzung; Munition darf gemeinsam mit den Waffen aufbewahrt werden;

- **Widerstandsgrad I** nach DIN/EN 1143-1, Behälter-Eigengewicht unerheblich: Aufbewahrung einer <u>unbegrenzten</u> Zahl von Lang- und Kurzwaffen sowie verbotener Waffen und Munition.

Erlaubnisfreie Waffen, etwa Schlagstöcke oder Reizstoffsprühgeräte, aber auch Magazine, müssen in einem verschlossenen Behältnis aufbewahrt werden. Eine besondere Sicherheitsstufe ist für dieses Behältnis nicht vorgeschrieben.

---

[33] Beachten Sie, dass für Behälter nach EN 1143-1, die vor dem 6. Juli 2017 erworben wurden, nun eine Gewichtserhöhung durch Verankerung gesetzlich nicht mehr vorgesehen ist; auch gilt hier <u>kein</u> Bestandsschutz.

Für die Lagerung von **Munition** ist keine Sicherheitsstufe vorgeschrieben. Sie muss aber in der Wohnung gegen unbefugten Zugriff geschützt aufbewahrt werden, mindestens in einem **Stahlblechbehältnis** mit **Schwenkriegelschloss**, etwa in einer Geldkassette oder in einem gleichwertigen Behältnis. Ein **Schwenkriegelschloss** ist ein Metallriegel oder ein Haken, der am Schließzylinder befestigt ist und um dessen Achse gedreht wird.

Die **Aufbewahrung geladener Schusswaffen** ist unzulässig.

Eine **Verankerung** des Behälters wird gesetzlich nicht gefordert. Sie ist bei Behältern unter 100 kg regelmäßig anzuraten, da ansonsten die Gefahr der Wegnahme des Behälters besteht, was auch der Waffenbesitzer bei verständiger Würdigung der Sachlage erkennen kann.

Inhaber einer waffenrechtlichen Erlaubnis, die vor Inkrafttreten der Waffengesetzänderung 2017 erteilt wurde, dürfen Waffenschränke älterer Bauart auch weiterhin nutzen, wenn diese zum Zeitpunkt des Inkrafttretens des Gesetzes am 6. Juli 2017 bereits in ihrem Besitz waren.[34] Eine **gemeinschaftliche Aufbewahrung** von Waffen mit Erlaubnisinhabern, die selbst einen solchen Behälter nicht verwenden dürften, **ist zulässig**.

---

[34] *Ergänzende Information; es handelt sich dabei vornehmlich um Behältnisse der Stufen A und B nach VDMA 24992 Stand Mai 1995; beachten Sie: <u>nur Altbesitzer</u> dürfen Schränke dieser Sicherheitsstufen verwenden!*

*Der **„A-Schrank“** – Behältnis der Sicherheitsstufe A nach VDMA 24992 – darf zur Aufbewahrung von **bis zu zehn Langwaffen** eingesetzt werden. Der **„B-Schrank“** – Behältnis der Sicherheitsstufe B nach VDMA 24992 – darf zur Aufbewahrung einer **unbegrenzten Zahl von Langwaffen** und **bis zu zehn Kurzwaffen** (Schrank-Eigengewicht oder Abrisslast durch Verankerung unter 200 kg: bis zu fünf **Kurzwaffen**) eingesetzt werden.*

***Für A- und B-Schrank gilt: Munition**, die aus den darin aufbewahrten Waffen verschossen werden kann, darf in diesem Schrank **nur in einem verschlossenen Fach** aufbewahrt werden (Über-Kreuz-Lagerung). Ein zur Munitionsaufbewahrung zulässiges Behältnis darf im Schrank genutzt werden.*

***Munition**, die <u>nicht</u> aus den aufbewahrten Waffen verschossen werden kann, darf zusammen mit den Waffen aufbewahrt werden.*

*In einem A-Schrank mit Innen**schrank** der Sicherheitsstufe B (sog. **„Jägerschrank“**) ist die Lagerung von bis zu zehn Langwaffen sowie von **bis zu fünf Kurzwaffen im Innenschrank** gestattet sowie passender Munition für die Lang- und Kurzwaffen im Innenschrank.*

In „**nicht dauerhaft bewohnten Gebäuden**", unter diesen Begriff fallen auch **Jagdhütten**, dürfen **höchstens drei Langwaffen** aufbewahrt werden, aber **keine Kurzwaffen**, **Schalldämpfer** oder **Munition**. Dabei ist ein Behältnis des Widerstandsgrades I nach DIN/EN 1143-1 zu verwenden.

Die Literatur[35] geht davon aus, dass die Regeln zur Aufbewahrung von Munition in unbewohnten Gebäuden nicht anwendbar sind. Dieser Einschätzung ist unter dem Aspekt der besonderen Gefahr einer Wegnahme zu folgen, da der Täter in den Besitz von Munition und damit nach Öffnung des Waffenschranks, in den Besitz einer umgehend schussfähigen Waffe käme.

Während des Aufenthalts, also im **Zeitraum zwischen An- und Abreise** des Hüttennutzers, ist die Jagdhütte für diesen Zeitraum als **dauerhaft bewohntes Gebäude** anzusehen. Damit würden während der Dauer des gesamten Aufenthalts die allgemeinen Vorschriften zur Aufbewahrung von Schusswaffen und Munition gelten, selbst wenn der Jäger die Hütte zur Jagdausübung oder zu einer Besorgung verlässt.

Wenn **Schlüssel** zur Absicherung der Behältnisse benutzt werden, dürfen in einem Schrank die Schlüssel anderer Behältnisse aufbewahrt werden. Das ist zulässig, solange die Anzahl der Waffen in jenen Behältnissen zusammen nicht größer ist als die Anzahl von Waffen, die in diesem einen Behältnis aufbewahrt werden darf. Zahlenschlösser sind Schlüsselschlössern unter praktischen Gesichtspunkten immer vorzuziehen.

Wesentliche Teile von Schusswaffen und **Schalldämpfer** sind aufzubewahren wie die Schusswaffen, für die sie bestimmt sind. Dabei werden sie allerdings nicht angerechnet auf die Anzahl der Waffen, die in einem Behälter oder Raum aufbewahrt werden.

Bestimmte **verbotene Waffen** (Anlage 2 A1 Nr. 1.1 bis 1.2.3 und 1.2.5 WaffG) sind wie Kurzwaffen zu lagern und werden auf die Zahl der maximal aufzubewahrenden Kurzwaffen angerechnet. Das **Faustmesser** im Besitz eines Jägers ist beispielsweise nicht auf die Anzahl der aufbewahrten Waffen anzurechnen, sondern lediglich in einem B- oder WG-0-Schrank aufzubewahren; gleiches gilt für **verbotene Nachtsichttechnik**[36].

---

[35] *Steindorf, Kommentar zum WaffG 9. Aufl., Rz. 7 zu § 13 AWaffV*

[36] *Ausgenommen sind hier die Dual-Use-Geräte.*

1.2.2. Gemeinschaftliche Aufbewahrung

Unproblematisch ist die gemeinschaftliche Aufbewahrung von Waffen und Munition durch Inhaber einer waffenrechtlichen Erlaubnis, die in **häuslicher Gemeinschaft** leben. Der Gesetzgeber sieht diese Erleichterung ausdrücklich vor.[37] Eine Gleichartigkeit der Erlaubnisse, etwa nur Sportschützen untereinander oder nur Jäger, ist nicht erforderlich, aber ein **gleiches Erlaubnisniveau**[38] bei allen Beteiligten. In der Regel ist mindestens der Besitz einer Erlaubnis nach § 10 Abs. 1 WaffG oder einer gleichgestellten Erlaubnis (Jagdschein etc.) zu fordern, um sicherzustellen, dass die Personen mit Zugriffsmöglichkeit auf die im Behältnis aufbewahrten Waffen und Munition zuverlässig, persönlich geeignet und sachkundig sind.

Die gemeinschaftliche Aufbewahrung kommt zum Beispiel durch einen Jäger einerseits und einen Erben andererseits nicht in Betracht, da letzterer keinen Zugriff auf Munition haben darf.

Die „häusliche Gemeinschaft" ist auch dann noch gegeben, wenn „ein naher Angehöriger,[39] wenn auch in gewissen Abständen, regelmäßig das Familienheim aufsucht" und jederzeit Zutritt zu dem Raum hat, in dem das Behältnis steht.[40]

1.2.3. Vorübergehende Aufbewahrung in einer Gaststätte

Die als „**Schüsseltreiben**" bezeichnete Versammlung der Jägerinnen und Jäger nach Abschluss der Jagd führt regelmäßig zu der Frage, wie die Jagdwaffen sowie die Munition während des gemeinsamen Aufenthalts in der Gaststätte oder im Haus des Gastgebers aufbewahrt werden müssen. Dies ist naturgemäß bei zahlenmäßig kleineren Gesellschaften, die in privatem Rahmen zusammenkommen, problemlos, da hier in der Regel nur

---

[37] *§ 13 Abs. 8 AWaffV*

[38] *WaffVwV 36.2.14*

[39] *Als Angehörige gelten verwandte und verschwägerte Personen gerader Linie, Pflegeeltern und –kinder, Ehegatten, Lebenspartner (aber nicht Lebensgefährte), Verlobte und Geschwister. Auch die Ehegatten oder Lebenspartner der Geschwister fallen unter den Begriff „Angehörige", ebenso wie die Geschwister der Ehegatten oder Lebenspartner (somit in jeglicher Konstellation). Auch nach einer Trennung oder Scheidung fallen die Betroffenen strafrechtlich unter diesen Begriff.*

[40] *BR-Drs. 415/03 zu § 13 Abs. 10 AWaffV aF*

waffenrechtlich Berechtigte Zugriff auf Waffen bekommen können, die in der Nähe des Waffenbesitzers aufgestellt werden. Doch bereits an diesem Beispiel zeigt sich das Erfordernis einer genauen Betrachtung – denn wenn beispielsweise Kinder oder andere nicht berechtigte Angehörige den Raum betreten und auch an die aufgestellten Waffen gelangen können, ist diese Art der vorübergehenden Aufbewahrung nicht statthaft.

Gleiches gilt für die Aufbewahrung im Sinne einer Aufstellung der Waffe im Gastraum während des Schüsseltreibens. Auch hier kann nicht ausgeschlossen werden, dass Unberechtigten die tatsächliche Gewalt im Sinne eines Überlassens der Waffe eingeräumt wird. Darum sollte auch in diesem Falle eine angemessene Art der Aufbewahrung gewählt werden, beispielsweise durch eine Sammelaufbewahrung der in Futteralen verpackten Waffen unter Aufsicht eines berechtigten Beauftragten, der während des Aufenthalts der Gesellschaft die Obhut über diese Waffen übernimmt.

Die am Körper getragene, ungeladene Kurzwaffe wird in diesem Moment nicht aufbewahrt, sondern geführt. Dieses Führen ist durch die Freistellung des § 13 Abs. 6 WaffG als eine Tätigkeit im Zusammenhang mit der befugten Jagdausübung anzusehen und erfordert keine gesonderte Erlaubnis.[41]

1.2.4. Vorübergehende Aufbewahrung in einem Fahrzeug

Wie bereits in der Einleitung zu diesem Kapitel dargestellt, obliegt es dem Waffenbesitzer, in der jeweiligen Situation die sicherste, angemessene Art der Aufbewahrung zu wählen. Die Erläuterungen des Gesetzgebers zur Auslegung des Waffengesetzes[42] sehen bezüglich der Aufbewahrung von Waffen und Munition in einem Fahrzeug, das nicht in Sichtweite des Waffenbesitzers abgestellt ist, die notwendigen Sicherungsmaßnahmen erfüllt, wenn die Waffen und die Munition in dem verschlossenen Fahrzeug so aufbewahrt werden, dass keine unmittelbaren Rückschlüsse auf die Art des

---

[41] *Diese im Falle des § 12 Abs. 3 Nr. 1 WaffG erforderliche Zustimmung betrifft nur Fälle des erlaubnisfreien Führens, die nicht durch andere Regelungen des WaffG von der Erlaubnispflicht freigestellt sind; die Regelung des § 13 Abs. 6 WaffG erlaubt Jägern das Führen von Waffen bei der befugten Jagdausübung sowie im Zusammenhang damit, etwa bei der direkten An- und Abfahrt zum und aus dem Revier, aber auch im Zuge des Schüsseltreibens oder bei Besorgungen im Zuge der An- und Abfahrt, siehe dazu ergänzend WaffVwV zu § 13, Nr. 13.6*

[42] *WaffVwV zu § 36, Nr. 36.2.15*

Inhaltes erkennbar sind; dies gilt sowohl für die Teilnahme am **Schüsseltreiben** als auch für die Zeit der **Einnahme des Mittagessens**, einen **Tankstopp** oder einen **Einkauf**. Diese Einordnung bezieht sich aber ausdrücklich nur auf die kurzfristige Abwesenheit vom Fahrzeug. Schläft der Waffenbesitzer im Fahrzeug, ist aufgrund der Unmöglichkeit, die tatsächliche Gewalt auszuüben, von einer Aufbewahrung auszugehen, womit die vorgenannten Voraussetzungen erfüllt werden müssen, insbesondere das von außen nicht sichtbare Unterbringen von Waffen und Munition.[43]

1.2.5. Vorübergehende Aufbewahrung auf Reisen

§ 13 Abs. 9 AWaffV eröffnet insbesondere für die Dauer eines Aufenthalts in einem Hotel, aber auch in den Räumlichkeiten eines Dritten, die Möglichkeit, von den gesetzlichen Pflichten zur Nutzung zertifizierter Behälter abzuweichen. So ist die Aufbewahrung im Hotelzimmer dann möglich, wenn die Waffen und die Munition in einem Transportbehältnis oder in einem verschlossenen (Holz-)Schrank oder einem sonstigen verschlossenen Behältnis aufbewahrt werden.[44] Das Entfernen eines wesentlichen Teils oder die Anbringung einer Abzugssperrvorrichtung sind mögliche ergänzende Vorsichtsmaßnahmen. Dem Verbergen von Waffen oder Munition im Zimmer kommt dabei eine besondere Bedeutung zu.

Das entfernte wesentliche Teil darf in diesem Zusammenhang gemäß § 12 Abs. 3 Nr. 6 WaffG auch ohne Waffenschein geführt werden. Zu beachten ist aber das Verbot des Führens von Waffen bei öffentlichen Veranstaltungen wie etwa Konzerten oder Kinovorführungen nach § 42 WaffG.

1.3. Umgang mit Waffen oder Munition durch Jäger

1.3.1. Erwerb und Besitz von Jagdwaffen

Der Erwerb erlaubnispflichtiger **Schusswaffen** ist in der Regel nur aufgrund einer Erlaubnis der zuständigen Behörde gestattet. Der Antragsteller hat die in Kapitel 1.1.5 genannten Voraussetzungen zu erfüllen. Die Erlaubnis wird durch **Voreintrag** in der WBK dokumentiert, der für ein Jahr den Erwerb der Waffe erlaubt, die nach Waffenart und Kaliber bestimmt ist.

---

[43] *VG Karlsruhe 4 K 2472/14, Beschluss vom 14.10.2014*

[44] *WaffVwV zu § 36, Nr. 36.2.15*

Jäger benötigen als Erwerbserlaubnis **für Langwaffen und Schalldämpfer**[45] grundsätzlich nur einen gültigen **Jahresjagdschein**, wenn es sich bei der Langwaffe um eine **Jagdwaffe**[46] handelt. Für **Kurzwaffen** ist dagegen **immer ein Voreintrag in einer Waffenbesitzarte** erforderlich. Beachten Sie abweichende Vorschriften für die **Leihe** (vorübergehender Besitz).

Zu beachten ist die seit Inkrafttreten der Änderungen des WaffG 2020 verpflichtenden Meldungen an das **Nationale Waffenregister** (NWR). Ein Waffenhändler ist verpflichtet, unverzüglich die Überlassung einer Waffe elektronisch dem NWR zu übermitteln, womit die Waffenbehörde des Erwerbers die Meldung über die Überlassung erhält und damit auch den Hinweis darauf, dass dieser Erwerber nun binnen 14 Tagen den Erwerb anzeigen muss. Für die Übermittlung des Händlers ist es dabei erforderlich, dass der Erwerber bestimmte Identifizierungsnummern, die sogenannten „NWR-IDs", beim Erwerb vorlegt.[47]

Erwirbt ein Jäger, der noch nicht im Besitz einer waffenrechtlichen Erlaubnis (WBK) und damit auch noch nicht im NWR erfasst ist, eine Langwaffe aufgrund seiner jagdrechtlichen Erlaubnis (Jahresjagdschein), kann der Händler auf die Übermittlung der NWR-IDs des Erwerbers verzichten. Dies gilt aber ausdrücklich nur im Falle solcher Jagdscheininhaber, die nicht im NWR erfasst sind, weil sie noch nicht im Besitz einer WBK sind – in allen anderen Fällen ist die Mitteilung der NWR-IDs zur Person und zur Erlaubnis an den Händler zwingend erforderlich. Entscheidend ist es zu verstehen, dass die Anzeigepflichten sowohl den Überlasser (Händler) wie auch den Erwerber (Jäger) treffen – allerdings ist der Händler zur unverzüglichen elektronischen Anzeige über das NWR verpflichtet, während der Jäger der Anzeigepflicht binnen 14 Tagen durch Anzeige des Erwerbs mit Vorlage der WBK oder erstmaligen Beantragung einer WBK bei seiner Waffenbehörde nachkommen muss. Das Bestehen des Händlers auf Nennung der

---

[45] *Die erleichterten Umgangsvoraussetzungen gelten nur für Schalldämpfer, die an für die Jagd zugelassenen Langwaffen für Munition mit Zentralfeuerzündung im Rahmen der Jagd und des jagdlichen Übungsschießens genutzt werden. Andere Schalldämpfer sind somit voreintragspflichtig.*

[46] *zum Begriff der Jagdwaffe siehe Kapitel 3.4.1*

[47] *Inhaber einer Waffenbesitzkarte erhalten auf Anfrage von der für sie zuständigen Waffenbehörde ihre NWR-IDs formlos mitgeteilt. Beachten Sie zur Thematik NWR auch die Informationen im Kapitel 3.2.*

NWR-ID ist also keine Schikane, sondern eine Voraussetzung dafür, dass der Händler seine gesetzlichen Verpflichtungen erfüllen kann.

Munition für Langwaffen darf mit einem gültigen Jagdschein erworben und besessen werden, unabhängig davon, ob eine entsprechende Langwaffe im Besitz des Jagdscheininhabers ist. **Wichtig: Wird kein neuer Jagdschein gelöst, ist ohne gültigen Jagdschein der Besitz der Langwaffenmunition nicht mehr zulässig, es sei denn, dass die Besitzerlaubnis in einer WBK für das betreffende Kaliber erteilt wurde.**

Kurzwaffenmunition darf nur mit einer Erlaubnis (Siegel in WBK) oder mit einem Munitionserwerbsschein erworben und besessen werden.

Für den Erwerb von **Munition** ist es notwendig, dem Überlasser eine gültige Erwerbsberechtigung vorzulegen. Mögliche Formen sind:

- WBK mit gesiegeltem Feld „Munitionserwerbsberechtigung" für die betreffende Waffe (gilt für alle mit ihr verwendbaren Kaliber)
- WBK für Sportschützen für darin eingetragenen Waffen
- Jagdschein (Tages- / Jahresjagdschein) für Langwaffenmunition
- Munitionserwerbsschein für darin eingetragene Munitionsarten

Bei einem Erwerb von Munition zum **sofortigen Verbrauch auf der Schießstätte** ist keine Erlaubnis erforderlich.

Die **Erwerbserlaubnis** ist durch den jeweiligen Überlasser zu **prüfen**. Diese Regel nimmt den Überlasser in die Pflicht – denn anders als für den Erwerb ist für das Überlassen keine Erlaubnis erforderlich, es entfällt also die Prüfung durch die Behörde. Macht der Überlasser einen Fehler, indem er etwa einem WBK-Inhaber eine Waffe überlässt, ohne dass dieser eine Erwerbsberechtigung hat und es sich nicht um eine vorübergehende Überlassung (Leihe) handeln soll, verstößt er gegen das Waffengesetz. Insbesondere der dauerhafte **Tausch** von Waffen ist grundsätzlich **nicht erlaubnisfrei** – es handelt sich dabei, wenn nicht um eine Leihe, um zwei erlaubnispflichtige Erwerbsvorgänge. Zu beachten ist aber auch an dieser Stelle die besondere Regelung für Jäger, wonach Langwaffen und Schalldämpfer ohne Voreintrag, sondern allein aufgrund eines gültigen Jagdscheins erworben werden dürfen – die Eintragungspflicht in die WBK gilt aber auch hier.

Kopien, auch wenn sie beglaubigt sind, können als Erwerbserlaubnis nicht die Beweiskraft einer im Original vorhandenen Urkunde entwickeln. Es sollten darum **nur im Original** vorgelegte Erlaubnisse akzeptiert werden.

1.3.1.1. Ablauf des Erwerbs (nicht Leihe oder Verwahrung)

1.3.1.1.1. Langwaffen und Schalldämpfer

- Gültiger Jahresjagdschein ist als Erwerbserlaubnis vorzulegen
- Ist keine WBK vorhanden, ist die Überlassung zwingend zu dokumentieren (Kaufvertrag, Lieferschein etc.)
- Anzeige des Erwerbs bei der Behörde binnen 14 Tagen (behördlicherseits kann dabei die Vorlage des Lieferscheins oder Kaufvertrages verlangt werden)
    - durch Vorlage der WBK zum Eintrag des Erwerbs
    - durch Beantragung einer WBK zum Eintrag des Erwerbs
- Die Eintragung der Waffe erfolgt durch die Waffenbehörde

1.3.1.1.2. Kurzwaffen

- Beantragung der Erwerbserlaubnis als Voreintrag in der WBK
    - Behörde prüft Vorliegen der Erteilungsvoraussetzungen
        - Mindestalter, Zuverlässigkeit, persönliche Eignung
        - Sachkunde, Bedürfnis
        - Nachweis der sicheren Aufbewahrung
    - Ausstellung einer WBK (oder Voreintrag) durch Behörde
- Anzeige des Erwerbs bei der Behörde binnen 14 Tagen (behördlicherseits kann dabei die Vorlage des Lieferscheins oder Kaufvertrages verlangt werden)
- Vorlage der WBK zum Eintrag des Erwerbs bei der Behörde

1.3.1.2. Ablauf der Überlassung (nicht zur Leihe oder Verwahrung)

Folgende Schritte sind für die dauerhafte Überlassung einer Schusswaffe (Verkauf, Schenkung) erforderlich:

- Prüfung der Erwerbserlaubnis durch den Überlasser
    - Voreintrag in WBK für diese Waffe (Art und Kaliber)
    - Gleichwertige Erwerbserlaubnis
        - Jahresjagdschein (nur Langwaffen)
        - WBK für Sportschützen (Waffenarten beachten)
        - Waffenhandelserlaubnis
- Ausstellung eines Lieferscheines (zB Kaufvertrag mit Zeitangabe der Überlassung, bei Versand: Übergabebeleg an Paketdienst)
- Vorlage der WBK des Überlassers zur Austragung der Waffe bei der eigenen Waffenbehörde binnen 14 Tagen nach Überlassung

1.3.1.3. Erwerb zur Leihe oder Verwahrung (§ 12 Abs. 1)

Der Inhaber einer waffenrechtlichen Erlaubnis kann seine Waffe zur sicheren **Verwahrung**, etwa bei längerer Abwesenheit oder während eines Umzuges, einem WBK-Inhaber zur sicheren Verwahrung vorübergehend überlassen, ihm also die tatsächliche Gewalt über seine Waffen einräumen. Der Verwahrende muss im Besitz einer waffenrechtlichen Erlaubnis sein, wodurch gewährleistet ist, dass er sachkundig, zuverlässig und persönlich geeignet ist. Eine Frist für die Dauer der Verwahrung ist nicht vorgesehen. Gleiches gilt für den **nicht gewerblichen Transport** von Waffen und Munition.

Anders die **Leihe** einer Waffe – da die Waffe zum Zwecke der Benutzung verliehen wird, muss der Entleihende im Besitz einer Erlaubnis (WBK) sein, die den Umgang mit einer Waffe der geliehenen Art umfasst. Beachten Sie, dass der Begriff „Leihe" vom Gesetzgeber nicht verwendet wird – in § 12 Abs. 1 Nr. 1 Buchstabe a WaffG ist nur von einem vorübergehenden, aber auf höchstens einen Monat begrenzten Erwerben (und somit auch Besitzen) die Rede.

Will ein **Jäger** eine **Langwaffe** oder einen **Schalldämpfer leihen**, ist der Jagdschein der WBK gleichgestellt, das heißt, er kann eine Langwaffe leihen, ohne eine WBK vorlegen zu müssen.

Für die **Leihe einer Kurzwaffe** reicht ein Jagdschein dagegen nicht aus. In diesem Falle muss der Jäger über eine Waffenbesitzkarte verfügen und diese dem Überlasser der Kurzwaffe vorlegen.

Die **Leihdauer** ist auf **einen Monat** befristet und durch einen **datierten Beleg** mit **Namen** des Verleihers und des Entleihers zu dokumentieren[48]. Dieser Beleg ist beim **Transport** mitzuführen und dient mit der WBK als Nachweis des legitimen Besitzes der betreffenden Schusswaffe.[49]

1.3.2. Führen von Jagdwaffen

Für **Jäger** gelten nach § 13 Abs. 6 WaffG Ausnahmen von der Waffenschein- und Schießerlaubnispflicht. Der Inhaber eines gültigen Jagdscheins im Sinne von § 15 Abs. 1 Satz 1 BJagdG darf **Jagdwaffen zur befugten Jagdausübung**, also im Revier, ohne eine weitere Erlaubnis führen und auch mit diesen Waffen schießen. Dazu zählt auch das **Ein- und Anschießen** im

---

[48] *§ 34 Abs. 1 Satz 2 WaffG*

[49] *§ 38 Abs. 1 Buchstabe g WaffG, siehe auch Kapitel 1.3.3*

Revier. Ebenfalls gestattet ist das Führen der Waffen und Schießen zur Ausbildung von Jagdhunden im Revier, zum Jagdschutz oder zum Forstschutz.

Daneben darf der Jäger **im Zusammenhang mit der Jagd** seine **nicht schussbereite** Waffe **zugriffsbereit** führen, das heißt, dass er zum Beispiel die Waffe im Holster und in der Hand tragen darf, die Waffe dabei aber nicht geladen sein darf, auch nicht unterladen. Dies gilt etwa für die Fahrt in das Revier und zurück, und zwar einschließlich kurzer Unterbrechungen, beispielsweise „Schüsseltreiben", Besorgungen oder ähnlichem – siehe auch folgenden Ausführungen zur „Beförderung".

Steht das Führen nicht im direkten Zusammenhang mit der Ausübung der Jagd, etwa bei der **Fahrt zum Schießstand oder zum Büchsenmacher** zwecks Instandsetzung, muss der Jäger wie jeder andere Erlaubnisinhaber die Waffe nicht schussbereit und nicht zugriffsbereit führen, bestenfalls **in einem verschlossenen Behältnis**. Ein lediglich mit einem Lederriemen gesichertes Futteral ist dafür nicht ausreichend. Beachten Sie, dass auch die Beförderung von Waffen in einem Behältnis ein Führen im Sinne des Waffengesetzes darstellt.

Die in § 12 Abs. 3 Nr. 2 WaffG genannte „**Beförderung** von einem Ort zum anderen" meint stets den direkten Weg von der eigenen Wohnung etwa zum Schießstand, da das Schießen mit der Waffe im Zusammenhang mit dem Bedürfnis des Jägers erfolgt. Es ist also nicht erlaubt, die Waffe morgens in den Waffenkoffer zu packen und erst einmal ins Büro zu fahren, um sich dann nach Dienstschluss zum Schießstand zu begeben. Allerdings stellt eine kurze Unterbrechung der Fahrt zum Schießstand, beispielsweise der Halt an einem Gasthof oder ein Tankstop, keinen Verstoß gegen das Waffengesetz dar, solange die Waffen nicht unbeaufsichtigt sind oder bei einem Blick auf das Fahrzeug oder in das Fahrzeuginnere nicht erkennbar ist, dass sich darin Waffen oder Munition befinden.

Bei Mitnahme von Munition muss diese getrennt von der Schusswaffe, aus der sie verschossen werden kann, transportiert werden, um die Forderung „**nicht schussbereit**" zu erfüllen. Anlage 1 A2 WaffG definiert „schussbereit" als „geladen"; die gefüllte Trommel des Revolvers, das befüllte und in die Waffe eingeschobene Magazin sowie eine Patrone oder ein Geschoss im Patronen- oder Geschosslager bedeuten „geladen". Ist die Munition also außerhalb der Waffe, etwa in einer Munitionsschachtel im gleichen Transportbehältnis, ist die Forderung des Gesetzes erfüllt.

Die Verwaltungsvorschrift zum Waffengesetz hat zum Transport von Waffen eine Aussage getroffen, die jeden Waffenbesitzer in die Pflicht nimmt und auch in diesem Zusammenhang gilt: „Welche Vorkehrungen konkret zu treffen sind, ist abhängig vom Einzelfall und vom verantwortungsbewussten Waffenbesitzer in der jeweiligen Situation abzuwägen."

Auf einer Schießstätte bedarf es keiner gesonderten Erlaubnis, wenn der Schütze hier eine Waffe (im Holster) trägt. Allerdings sollte sich jeder Schütze, um Unstimmigkeiten auszuschließen, über die örtlichen Gepflogenheiten informieren, am besten beim Schießleiter oder der Aufsicht.

Eine Besonderheit stellt das **Führen der Waffe auf dem befriedeten Besitztum, in der Wohnung oder in den Geschäftsräumen eines Dritten** dar. Sofern das Führen der Waffen an diesem Ort mit Einverständnis des Zustimmungsberechtigten zu einem von dem Bedürfnis umfassten Zweck geschieht, bedarf es zum Führen keiner waffenrechtlichen Erlaubnis. Auf einer Schießstätte wird eine Waffe nicht geführt, sondern nur besessen.

Wird der Waffenbesitzer durch eine befugte Person angehalten (etwa Zoll- oder **Polizeikontrolle**), können die Beamten verlangen, dass die Waffenbesitzkarte als Nachweis zum befugten Umgang mit der mitgeführten Waffe vorgelegt wird.[50] Gleiches gilt für ein Vorlegen der Waffe, da nur ein Abgleich zwischen Waffendaten und Erlaubnisdokument den Schutzzweck der Ausweispflicht erfüllt.

Da ein bedürfnisgedecktes Führen nur dann erlaubnisfrei ist, wenn die Waffe nicht schussbereit und nicht zugriffsbereit[51] befördert wird, darf der Transportbehälter, etwa ein Waffenkoffer, **erst auf ausdrückliche Aufforderung geöffnet werden**, da die Waffe nach Öffnung des Behälters zugriffsbereit ist und dann nicht ohne Erlaubnis (Waffenschein) im öffentlichen Raum geführt werden darf.

Wichtig ist, dass die WBK nicht im verschlossenen Behälter, sondern möglichst so bei sich getragen wird, damit sie zur Hand ist, ohne den Waffenkoffer öffnen zu müssen. Auch sollte dem kontrollierenden Beamten vor dem Öffnen vorgeführt werden, welche Maßnahmen zum Schutz der Waffe vor unbefugtem Zugriff ergriffen wurden (etwa durch Vorführung, dass der Koffer durch ein Schloss verschlossen und nicht nur geschlossen, also lediglich zugeklappt ist). Die grundsätzliche Forderung, dass eine Waffe zugriffsbereit ist, wenn sie in weniger als drei Sekunden mit weniger als drei Handgriffen in Anschlag gebracht werden kann, bedeutet in der Praxis

---

[50] *§ 38 WaffG; siehe Kapitel 1.3.3 zur Ausweispflicht*

[51] *§ 12 Abs. 3 Nr. 2 WaffG (Empfehlung: Koffer mit Zahlenschloss)*

einen hohen Grad an Beliebigkeit, weshalb dem Transport in einem verschlossenen Behältnis der Vorzug zu geben ist.

Beachten Sie die weiterführenden Informationen in Kapitel 1.3.4 sowie vertiefend zum Führen von Jagdwaffen das Kapitel 3.4.5.

1.3.3. Ausweispflichten (§ 38 Abs. 1)

Führt der Jäger eine Waffe, hat er einen Personalausweis oder Reisepass bei sich zu tragen, um sich gegenüber Kontrollberechtigten ausweisen zu können. Zudem muss er, wenn es sich um eine erlaubnispflichtige Schusswaffe handelt, die Waffenbesitzkarte mitführen.

Gleiches gilt für den Jagdschein, wenn im Moment der Kontrolle die Waffe zugriffsbereit geführt wird, also außerhalb eines Behältnisses, oder bei der Jagdausübung. Dieser ist im Übrigen auch hilfreich, wenn ein Messer mit feststehender Klinge über 12 cm oder ein Einhandmesser geführt wird und dies im Zusammenhang mit der Jagd erfolgt, um im Falle einer Kontrolle nachvollziehbar den Grund des Führens nachweisen zu können.

Wurde eine Waffe ohne Eintragung in die WBK erworben (Erwerb durch Inhaber eines Jahresjagdscheins, aber auch zur **Leihe**, **Verwahrung** oder Beförderung), ist ersatzweise ein <u>datierter</u> schriftlicher Nachweis[52] mitzuführen und vorzulegen, aus dem sich ergibt, dass die zweiwöchige Frist zur Anmeldung des Erwerbs noch nicht verstrichen ist oder sich die Waffe nur vorübergehend im Besitz befindet.

Für das Mitführen von Munition besteht keine Ausweispflicht.

1.3.4. Beförderung / Erlaubnisfreier Transport (§ 12 Abs. 3)

Auch der bloße Transport einer Waffe von der eigenen Wohnung zum Schießstand stellt ein Führen im Sinne des Waffengesetzes dar. Allerdings besagt § 12 Abs. 3 WaffG, dass einer Erlaubnis zum Führen von Waffen, also eines Waffenscheins, nicht bedarf, wer die Waffe **nicht schussbereit** <u>und</u> **nicht zugriffsbereit** von einem Ort zu einem anderen Ort befördert, **wenn** dieser Transport **vom Bedürfnis gedeckt** ist und **im Zusammenhang damit** erfolgt. Dabei ist die Waffe <u>insbesondere</u> in einem **verschlossenen Behältnis nicht zugriffsbereit.**

---

[52] ***Formular-Download*** *unter www.sv-busche.de, Suchbegriff „Formular“*

Die Rechtsprechung definiert das „**verschlossene Behältnis**" im Zusammenhang mit Delikten nach §§ 202, 243 StGB[53] als ein verschließbares Behältnis, das über eine **besondere Vorrichtung** verfügt, die **geeignet und bestimmt** ist, die **Wegnahme** einer Sache zu **erschweren**. Bedingung ist die Sicherung durch ein **Schloss**, eine sonstige **technische Schließeinrichtung** oder auf andere, aber ebenso sichere Weise.

In der Regel werden diese Anforderungen durch den Transport in einem Waffenkoffer mit Zahlen- oder Vorhängeschloss erfüllt, womit die Waffe zunächst „nicht zugriffsbereit" ist. Nach Anlage 1 A2 Nr. 13 WaffG ist eine Waffe **zugriffsbereit**, wenn sie unmittelbar in Anschlag gebracht werden kann; **nicht zugriffsbereit** ist sie insbesondere dann, wenn sie in einem verschlossenen Behältnis mitgeführt wird.

Grundsätzlich sollte Dritten während des Transports der Zugriff auf die Waffe unmöglich gemacht oder zumindest deutlich erschwert werden, etwa durch Transport im Kofferraum und separates Verschließen des Kofferraumes, um beispielsweise an einer Ampel zu verhindern, dass Unberechtigte den Kofferraum öffnen. Fahrer von Kombis und Geländewagen sollten durch geeignete Maßnahmen verhindern, dass die Waffe aus dem Laderaum nach Einschlagen einer Autoscheibe entnommen werden kann – beispielsweise durch eine feste Laderaumabdeckung oder Anschließen des Koffers im Laderaum, insbesondere aber durch Beseitigung aller Hinweise darauf, dass in diesem Fahrzeug Waffen aufbewahrt werden.

1.3.5. Verbotenes Führen (§§ 42, 42a)

Für **öffentliche Veranstaltungen** wie Messen, Volksfeste, Märkte, kurz, für Orte, an denen sich anlässlich einer Veranstaltung viele Menschen aufhalten, gilt nach § 42 WaffG ein allgemeines **Verbot**, **Waffen zu führen** – und zwar nicht nur Schusswaffen, sondern alle Waffen nach § 1 Abs. 2 WaffG, also Schusswaffen und ihnen gleichgestellte Gegenstände ebenso wie Hieb- und Stoßwaffen und anderen Objekte, die als Waffe dienen oder dienen könnten, die **Angriffs- oder Abwehrfähigkeit** von **Menschen** zu beseitigen oder herabzusetzen. Gegenstände, die ihrem Wesen nach nicht dazu bestimmt sind, als Waffe zu dienen, müssen allerdings ausdrücklich im Gesetz[54] genannt sein, um unter den Begriff der „Waffe" nach § 1 Abs. 2

---

[53] *siehe Fischer „Strafgesetzbuch und Nebengesetze", 63. Auflage 2016, Rn. 6 zu § 123 StGB, Rn. 14 zu § 243 StGB*

[54] *Abschließende Liste in Anlage 1 A1 UA2 Nr. 2 WaffG mit Definitionen*

WaffG zu fallen. Ist ein Bereich behördlich zur (**Waffen)-Verbotszone** erklärt, darf hier kein Messer mit feststehender oder feststellbarer Klinge geführt werden, dessen **Klingenlänge 4 cm** überschreitet, wobei Ausnahmen zu beachten sind, etwa für Anwohner, Handwerker oder Jäger.

Auch der Inhaber eines Waffenscheines muss, will er seine Waffe auf einer öffentlichen Veranstaltung führen, eine spezielle Genehmigung der zuständigen Behörde vorweisen können. Diese darf nur erteilt werden, wenn der Antragsteller nachweislich nicht auf seine Waffe verzichten kann.

Generell verboten ist nach § 42a WaffG das **Führen** von **Anscheinswaffen, Hieb- und Stoßwaffen**[55]**, Einhandmessern und Messern mit einer Klingenlänge über 12 cm** außerhalb der eigenen Wohnung oder Geschäftsräume, des eigenen befriedeten Besitztums oder einer Schießstätte. Damit ist das **Führen** dieser Objekte im fremden Wohnraum, Geschäft oder befriedeten Besitztum, etwa der Wohnung eines Spielkameraden, **verboten.**[56]

Ausnahmen finden sich §§ 42 Abs. 4, 42a Abs. 2 und 3 WaffG. Danach ist das Verbot des Führens von Waffen im Sinne des § 1 Abs. 2 WaffG für Teilnehmer an **Theateraufführungen** erlaubt, wenn es sich um ungeladene oder nur mit Kartuschenmunition geladene Schusswaffen oder Waffen im Sinne von § 1 Abs. 2 Nr. 2 WaffG handelt. Auch auf das Schießen in Schießstätten sowie bei Vorliegen einer Schießerlaubnis nach § 10 Abs. 5 WaffG oder auf das Ausstellen von Waffen und Munition auf Fachmessen findet das Verbot keine Anwendung. Werden die in § 42a WaffG genannten Waffen im Zusammenhang mit der Berufsausübung, zur Brauchtumspflege, zum Sport oder einem **allgemein anerkannten Zweck** geführt, ist dies ebenfalls nicht verboten. Ein solch anerkannter Zweck ist beispielsweise die **Jagd**. Ebenfalls ausgenommen vom Führverbot des § 42a Abs. 1 WaffG ist der Transport von Anscheinswaffen, Hieb- oder Stoßwaffen in einem verschlossenen Behältnis (§ 42a Abs. 2 Nr. 2 WaffG). Dies ist insbesondere von Kampfsportlern zu beachten, die derartige Gegenstände (zB Tonfa oder Schwert) zu ihrer Trainingshalle transportieren.

---

[55] *nach Definition in Anlage 1 A1 UA2 Nr. 1.1 WaffG*

[56] *§ 12 Abs. 3 Nr. 1 WaffG führt abschließend Tatbestände auf, die eine Erlaubnis zum Führen (Waffenschein) nach § 10 Abs. 4 WaffG, nicht erfordern. § 12 Abs. 3 Nr. 1 WaffG kann darum auf Anscheinswaffen nicht angewandt werden, weil die von dieser Norm erfassten Waffen (Schusswaffen) vom Anscheinswaffenbegriff ausgenommen sind und eine Erlaubnis zum Führen von Anscheinswaffen im Gesetz nicht vorgesehen ist.*

1.3.6. Verbotene Waffen

Das Verbot einer Waffe, die in der Anlage 2 A1 WaffG genannt wird, ist umfassend und bezieht sich auf jegliche Art des Umgangs mit Ausnahme der Unbrauchbarmachung. Verboten sind zum Beispiel nicht nur das Führen, sondern auch Erwerb, Besitz oder Herstellung dieser Waffen. Ausnahmen sind möglich, etwa für den Umgang im behördlichen oder gerichtlichen Auftrag. Verboten sind unter anderem:

- **voll**automatische Schusswaffen
- Vorderschaftrepetierflinten („Pump-Action/Pumpgun") mit
  - **Kurzwaffengriff anstelle eines Hinterschafts**,
  - einer **Gesamtlänge unter 95 cm** oder
  - **Lauflänge unter 45 cm**
- getarnte Schusswaffen wie **Schießkugelschreiber** oder **Stockgewehr** (Gehstock mit Lauf, Patronenlager und Abzug)
- mehr als üblich verkürzbare oder schnell zerlegbare Waffen („Wildderergewehr")
- Lichtquellen, die das Ziel beleuchten oder markieren, die an der Waffe **montiert** werden können (Laser, Lampen, Projektoren etc.)
- **Nachtsichtgeräte, Nachtzielgeräte, Nachtsichtvorsätze und Nachtsichtaufsätze für Zielhilfsmittel**, die **zur Montage** an einer Schusswaffe **bestimmt sind**[57]
- Springmesser[58] (ausgenommen Modelle mit allen nachfolgenden Eigenschaften: Klinge nicht zweiseitig geschliffen, Klingenlänge außerhalb des Griffs max. 8,5 cm und seitlich aus dem Griff springend)
- Faustmesser (Ausnahme: Jäger und Pelz- / Leder-Handwerk)
- Butterfly-Messer und Fallmesser
- **Wechselmagazine für Zentralfeuer-Munition**, die als
  - Langwaffenmagazine mehr als 10 Patronen aufnehmen oder
  - Kurzwaffenmagazine mehr als 20 Patronen aufnehmen und
  - Magazingehäuse dieser Magazine

---

[57] *Ausgenommen von dem Verbot für Nachtsichtvorsatz- und -aufsatzgeräte sind Jäger und Inhaber einer Handels- oder Herstellungserlaubnis.*

[58] *Bei **Federdefekt** liegt die verbotsbegründende Eigenschaft nicht vor, somit in diesem konkreten Fall keine verbotene Waffe (BGH 1 StR 35/17)*

(Hinweis: Maßgeblich ist die Herstellerangabe zur Kapazität)

- **Halbautomatische Waffen für Zentralfeuermunition** mit **fest eingebautem Magazin**,
  - die als Langwaffe mehr als 10 Patronen aufnehmen oder
  - die als Kurzwaffe mehr als 20 Patronen aufnehmen

1.3.7. Erlaubnispflichtige Waffen und Munition

Nach Anlage 2 A2 **UA1** WaffG **bedarf** der **Umgang** (Erwerb, Besitz, Führen, Verbringen, Mitnehmen, Schießen, Herstellung, Bearbeitung, Instandsetzung, Handel, Unbrauchbarmachung) mit Waffen (Anlage 1 A1 UA1 Nrn. 1 bis 4.3 WaffG) oder Munition grundsätzlich **einer Erlaubnis**, **ausgenommen** das **Überlassen**. Anlage 2 A2 **UA2** WaffG enthält die **Ausnahmen** von diesem Erlaubnisvorbehalt, unter anderem eine umfassende Freistellung für die Unbrauchbarmachung von Schusswaffen.

Auf **funktionsfähige** Schusswaffen, die durch **Umbau** einer erlaubnispflichtigen Schusswaffe hergestellt wurden (4 mm M20, LEP), sind die Vorschriften für Erwerb und Besitz der Ursprungswaffe anzuwenden, insbesondere die Bedürfnispflicht (Anlage 2 A2 UA1 Satz 3 WaffG).

1.3.8. Wechsel- und Austauschläufe / Wechselsysteme

Neben dem ursprünglich montierten Lauf können auch **Austauschläufe** verwendet werden. **Austauschläufe** können ohne Anpassungsarbeiten in die Waffe eingesetzt werden – sie können „von jedermann gegen den vorhandenen Lauf ausgetauscht werden". Ein **Wechsellauf** dient dagegen zur **Instandsetzung** einer Waffe. Wechselläufe werden an die Waffe angepasst.

Als **wesentliche Teile** unterliegen **Läufe**, **Verschlüsse** und **Trommeln** den Vorschriften, die auch für die Waffe gelten, für die sie bestimmt sind. Für **Inhaber einer WBK** ist der Erwerb eines Austausch- oder Wechsellaufes sowie notwendiger Verschlüsse (in Gesamtheit: Systeme) für eine bereits eingetragene Waffe **erlaubnisfrei** (Anlage 2 WaffG). Dies gilt allerdings nur, wenn der Lauf das gleiche oder ein kleineres Kaliber hat.

Erwerb und **Überlassung** sind binnen zwei Wochen **anzuzeigen**. Der **Besitz** wird von der Behörde **durch Eintragung in die WBK** erlaubt.

1.3.9. Einsteckläufe, Einstecksysteme, Einsätze

Einsteckläufe, Einstecksysteme und Einsätze können erlaubnisfrei erworben und besessen werden, wenn die dafür vorgesehene Waffe in der WBK eingetragen ist.

Einsteckläufe und **Einsätze** (**Reduzierpatronen**) werden in den Lauf der Waffe eingeführt, um Geschosse eines geringeren Kalibers ohne weitere Veränderungen an der Waffe aus dieser verschießen zu können. Sie benötigen in der Regel keinen eigenen Verschluss. „**Einstecksysteme**" sind Einsteckläufe einschließlich des für sie bestimmten Verschlusses.

Eine **Eintragungspflicht** und damit **Anzeigepflicht für den Erwerb** besteht **nicht** (beachten Sie den Unterschied der Regelung in Anlage 2 A2 UA2 Nr. 2 und Nr. 2a WaffG in Bezug auf Austausch-/Wechselläufe einerseits und Einsteckläufe etc. andererseits). Ein **Eintrag** ist aber **empfehlenswert**, da ansonsten der Munitionserwerb und -besitz aufgrund fehlender Erlaubnis nicht möglich ist.

1.4. Messer im Kontext des WaffG

1.4.1. Übersicht

Das WaffG verwendet den Begriff „Messer", ohne ihn zu definieren. Nicht alle Messer, die den Vorschriften des WaffG unterfallen, sind dadurch Waffen, zB das **Einhandmesser**. Auch unterfallen nicht alle **Messer** dem WaffG, sind also **nicht <u>grundsätzlich</u> Waffe im Sinne des WaffG**. Hilfsweise kann das Messer als **tragbarer Gegenstand** definiert werden, der über **mindestens einen Griff** verfügt, der in der Hand gehalten wird, um **mindestens eine mit diesem Griff bei Verwendung verbundene und arretierte Schneide** zu bewegen, die <u>dabei</u> in Körper oder Gegenstand eindringen kann.

Zu beachten ist, dass nicht die Nennung eines Messers im Gesetz, sondern die Nennung in der Anlage 1 WaffG das betroffene Messer zur Waffe im Sinne des WaffG macht. So sind Einhandmesser, die nicht die Eigenschaften der in der Anlage 1 A1 UA2 WaffG genannten Messer (zB Springmesser und Fallmesser) mit einhändig feststellbarer Klinge haben, ebenso wenig Waffen wie Messer mit einer feststehenden Klinge von über 12 cm Klingenlänge, die nicht eine Definition in der Anlage 1 A1 UA2 WaffG erfüllen. Bestimmte Messer werden im Gesetz namentlich genannt und definiert in

- § 42 Abs. 6 WaffG
- § 42a Abs. 1 Nr. 3 WaffG (Einhandmesser, feststehendes Messer)

- Anlage 1 A1 UA2 Nr. 2.1 WaffG
- Anlage 2 A1 Nr. 1.4.1 bis 1.4.3 WaffG

oder aufgrund ihrer Eigenschaften erfasst von den Vorschriften

- § 1 Abs. 2 Nr. 2 iVm Anlage 1 A1 UA2 Nr. 1.1 WaffG
- § 42 Abs. 6 WaffG
- § 42a Abs. 1 Nr. 2 WaffG (Hieb- und Stoßwaffe).

Es ist stets zu prüfen, welchen Definitionen des Waffengesetzes ein Messer unterfällt, teilweise sind mehrere Zuordnungen möglich.[59]

Zudem können Messer verschiedenen Normen des Gesetzes unterfallen.[60]

Regelungen zum **Mindestalter** (§ 2 WaffG), zur **Aufbewahrung** (§ 36 WaffG) oder zum **Verbot im Einzelfall** (§ 41 WaffG) sind nur dann auf Messer anwendbar, wenn sie **Waffe im Sinne des WaffG** sind. Somit sind diese Regelungen auf lange Küchenmesser oder Macheten <u>nicht</u> anwendbar.

Eindeutig als Werkzeug oder Alltagsgegenstand bestimmte Messer wie etwa **Küchenmesser**, **Machete** (Buschmesser, Haumesser) oder **Filettiermesser** eines Anglers werden als feststehendes Messer von den Vorschriften des § 42a WaffG (Führverbot) erfasst, wenn die Klingenlänge 12 cm überschreitet. In diesem Falle ist das Führen (Transport) gemäß § 42a Abs. 2 WaffG erlaubt, wenn das Messer durch Verwendung eines verschlossenen Behälters oder einer verschlossenen Verkaufsverpackung nicht zugriffsbereit ist oder für das Führen ein **berechtigtes Interesse** vorliegt.

Jagdnicker und Hirschfänger sind als Werkzeuge, Gebrauchsmesser oder Zierrat anzusehen, sofern sie nur über eine einseitig geschliffene Klinge verfügen.[61] **Jagdnicker** haben eine schlanke Klinge, die lang genug ist, um neben der allgemeinen Verwendung als Gebrauchsmesser im Jagdbetrieb ein Stück Wild durch einen Stich in das Genick schnell und sicher zu erlösen (Jägersprache „mit der kalten Waffe abfangen"). **Hirschfänger** ermöglichen das Töten eines größeren und damit wehrhafteren Wildes in Situationen, in denen ein Jagdnicker aufgrund seiner Größe nicht geeignet ist. Hirschfänger

---

[59] *So wird das Springmesser durch Anlage 1 A1 UA2 Nr. 2.1.1 WaffG als eigene Art einer Waffe definiert, ist aber als Messer mit einhändig feststellbarer Klinge nach § 42a Abs. 1 Nr. 3 1. Alt. WaffG auch Einhandmesser*

[60] *Beispielsweise § 40 Abs. 3 WaffG oder § 42 Abs. 1, 5, 6 WaffG*

[61] *WaffVwV zu Anlage 1 A1 UA2 Nr. 1.1 WaffG, Absatz 4*

ähneln dem **Saufänger**, der aber eine beidseitig geschliffene, sehr viel breitere und schwerere Klinge aufweist und für das Abfangen von Schwarzwild bestimmt ist. Der auf eine Stange aufgesteckte Saufänger, der wie eine Lanze verwendet werden kann, wird als **Saufeder** bezeichnet.

Messer mit **beidseitig geschliffenen Klingen** werden durch den Gesetzgeber als **Hieb- und Stoßwaffe** angesehen, unabhängig von der herstellerseitig angegebenen oder behaupteten Bestimmung. Dies betrifft ausdrücklich beidseitig geschliffene Hirschfänger und Saufänger.[62] Die früher gebräuchlichen Hirschfänger mit einseitig geschliffener Klinge von bis zu 40 cm Klingenlänge, heute mehr dekoratives Beiwerk, wurden ursprünglich als „Seitengewehr" bei der Jagd geführt.

Auch für Jagdmesser gelten die Führverbote nach §§ 42, 42a WaffG, allerdings besteht bei der Ausübung der Jagd und im Zusammenhang damit ein berechtigtes Interesse, diese zu führen, so dass ein Jäger bei der Jagd sowie im Zusammenhang mit der Jagd, somit auch bei Fahrt oder Gang in das oder aus dem Revier, diesen Führverboten nicht unterfällt. Ausnahmen bezüglich bestimmter Klingenlängen in den Verboten sind zu beachten. Für eine erste Einschätzung hilft dieses Prüfschema:

- Verbotener **Besitz** und **Führen** (da Verbot des Umgangs), wenn
    - Springmesser (Bildtafel S. 71)
    - Fallmesser (Bildtafel S. 72)
    - Faustmesser (Bildtafel S. 73), Ausnahme nach § 40 WaffG für Jäger und Pelzverarbeitung beachten
    - Faltmesser, Butterfly (Bildtafel S. 74)
    - Waffe im Sinne des WaffG und
        - Besitzer nicht volljährig
        - Waffenbesitzverbot nach § 41 WaffG
- Verbotenes **Führen**, wenn Besitz erlaubt, aber
    - Waffe im Sinne des WaffG
        - Hieb- und Stoßwaffe gemäß §§ 42, 42a WaffG
        - Nennung Anlage 1 WaffG gemäß § 42 WaffG
    - Einhandmesser unabhängig von der Klingenlänge (näheres Kapitel 1.4.2, Bildtafel S. 75) gemäß § 42a WaffG
    - Feststehendes Messer, Klingenlänge über 12 cm, gemäß § 42a WaffG

---

[62] *WaffVwV zu Anlage 1 A1 UA2 Nr. 1.1 WaffG, Absatz 5*

- Messer mit feststehender oder feststellbarer Klinge über 4 cm Klingenlänge in Verbotszonen nach § 42 Abs. 6 WaffG

Die **Klingenlänge** wird in der Praxis von der Spitze der Klinge bis zur Parierstange des Messers gemessen. Fehlt die Parierstange, ist von der Spitze der Klinge bis zu dem Punkt zu messen, der bei Verwendung des Messers als Stoßwaffe nicht in den Körper eindringt. Die Länge der Schneide bzw. des geschliffenen Teils der Klinge ist dabei unerheblich.

1.4.2. Einhandmesser

Da § 1 Abs. 2 Nr. 2 Buchst. b WaffG von einer „Nennung im Gesetz" spricht, die Grundlage für eine Einordnung als „Waffe" ist, könnte auch das in § 42a Abs. 1 Nr. 3 erste Alternative WaffG genannte und definierte **Einhandmesser** Waffe im Sinne des WaffG sein.[63] Die Begründung zu den Änderungen in dem WaffG 2008 weist allerdings ausdrücklich[64] darauf hin, dass Einhandmesser keine Waffen im Sinne von § 1 WaffG sind[65], wenn sie nicht, beispielsweise als Spring- oder Fallmesser oder als andere Messerart, Waffe im Sinne des WaffG sind. Die Eigenschaft „Einhandmesser" allein reicht nicht zur Einstufung als Waffe im Sinne des WaffG aus.

Die Beschränkung auf die „Nennung im Gesetz" in § 1 Abs. 2 Nr. 2 Buchst. b WaffG, die sich stets nur auf eine Regelung bzw. Nennung in der Anlage 1 WaffG bezieht, umfasst nicht die Einhandmesser. Zur Waffe im Sinne des WaffG erklärt, weil „im Gesetz genannt", ohne dass es eine ausdrückliche Herstellerbestimmung gibt, sind nur Spring-, Fall-, Falt- und Faustmesser, die in Anlage 1 A1 UA2 Nr. 2.1 WaffG abschließend aufgezählt werden.

Einhandmesser sind **Messer**, deren **Klinge einhändig feststellbar ist**, wovon auszugehen ist, wenn die Klinge durch einhändige Bedienung aus einer die Schneide vor Zugriff schützenden Lage in eine Position bewegt werden kann (durch Schub aus einer Umhüllung oder durch Schwenken um eine Drehachse), aus der diese Klinge erst nach Aufheben einer mechanischen Blockierung zurückbewegt werden kann, die nicht allein durch eine Kraft in Schwenk- oder Schubbewegungsrichtung der Klinge überwunden wird, sondern nur durch ein bewusstes und aktiv bewirktes Lösen der Feststellvorrichtung. **Taschenmesser**-artige Messervarianten, deren Klinge

---

[63] *Nicht in Anlage 1 A1 UA2 Nr. 2 WaffG aufgenommen*

[64] *BT-Drs. 16/8224, S. 17-18*

[65] *zur Begründung ausführlich Gade, Waffengesetz, § 42a*

einhändig ausgeschoben oder ausgeschwenkt werden kann, zählen nur dann nicht zu den Einhandmessern, wenn die Klinge in geöffnetem Zustand des Messers aus ihrer Endposition ohne Lösen einer Sperrvorrichtung[66] allein durch Druck auf die Klinge gegen die Ausschwenkbahn zurückbewegt werden kann, zB gegen Federdruck („slip joint" als am weitesten verbreitete „Verschlussform" von Taschenmessern, etwa das „Schweizer Offiziersmesser") oder magnetisches Halten. Erforderlich für die klare Einordnung als Einhandmesser ist stets das aktive Lösen einer mechanischen Sperrvorrichtung.

Typische **Taschenmesser** mit Nagelhau (Kerbe für das Öffnen mit dem Fingernagel) einschließlich der sogenannten **„Schweizer Offiziersmesser"**, deren Klingen nicht durch eine aktiv zu lösende Feststellvorrichtung am Einklappen gehindert werden, gelten nicht als Messer mit einer feststellbaren Klinge und unterfallen unabhängig von der Klingenlänge keiner Regelung des WaffG, wenn sie nicht dazu bestimmt sind, Waffe zu sein.

Auf die **Klingenlänge** stellt § 42a Abs. 1 Nr. 3 WaffG nicht ab, das Führverbot für Einhandmesser gilt unabhängig von ihrer Klingenlänge.[67]

Dagegen ist gemäß § 42 Abs. 6 WaffG in Verbotszonen das Führen von solchen *Messern mit feststehender oder feststellbarer Klinge* verboten, deren Klingenlänge vier Zentimeter überschreitet. Dieses Verbot des Führens umfasst nicht nur Messer mit einhändig feststellbarer Klinge.[68]

Neben den im Handel als Einhandmessern explizit beworbenen Modellen zählen nach der genannten Definition auch die insbesondere im Bereich des Trockenbaus verwendeten **Cuttermesser** (meist mit herausschiebbaren,

---

[66] *BKA-Feststellungsbescheid SO 23-5164.01-Z-458 vom 2. Juli 2019*

[67] *BT-Drs. 16/8224, S. 17, zu Buchst. m; die Erwähnung von Einhandmessern als Gattungsbegriff ohne weitere einschränkende Beschreibung und die nachfolgende Erwähnung von „größeren feststehenden Messern" unterstreicht, dass die in der Norm auch global interpretierbare Längenangabe „mit einer Klingenlänge über 12 cm" nur für Messer mit feststehender Klinge gilt, nicht aber für Einhandmesser.*

[68] *Das Gesetz stellt nicht auf den Begriff der „einhändig feststellbaren Klinge" ab, sondern erfasst auch Messer, deren Klinge nicht einhändig feststellbar ist, womit neben dem Einhandmesser (§ 42a Abs. 1 Nr. 3 WaffG) auch Werkzeug wie **Multitools** erfasst sind, wenn zum Feststellen und Lösen der Klinge eine einhändige Bedienung nicht ausreichend ist.*

automatisch nach Loslassen des Schubstückes arretierenden Klingen, die nach Abnutzung stückweise abgebrochen werden und dann wieder vorgeschoben werden) zu den Einhandmessern. Auch sog. **Multitools** können unter die Definition fallen, wenn es dem Träger möglich ist, mit lediglich einer Hand eine Klinge des Multitools im Sinne der vorgenannten Definition für ein Einhandmesser festzustellen und aus der Arretierung zu lösen.

Einhändig bedienbare Messer, deren Klinge durch einhändige Bedienung aus dem Griff ausgeschoben und nach Loslassen der Ausschubvorrichtung durch einen Mechanismus ohne aktives Tun eines Menschen wieder in den Griff zurückgezogen wird (so beispielsweise als „Sicherheitsmesser" zum Öffnen von Umverpackungen im Lagerbereich gebräuchlich), sind keine Einhandmesser, da die Klinge nicht feststellbar ist. Sie gleichen äußerlich und in der Bedienung Cuttermessern, die Klinge ist aber außerhalb des Griffs nicht feststellbar und wird nach Loslassen des Schubknopfes oder Ablegen des Messers in den Griff gezogen, so dass keine Gefahr für Menschen durch ein mit offener Klinge abgelegtes Arbeitsmittel besteht.

Zu beachten ist, dass **auch Fall- und Springmesser** als **Einhandmesser** anzusehen sind, wenn sie dessen Definition erfüllen. Dagegen erfüllen **Butterfly-Messer** (Faltmesser) in der Regel nicht die Definition, da die Klinge zwar einhändig aus den umhüllenden Griffteilen hervorkommt, aber nicht festgestellt wird im Sinne einer technischen Arretierung, sondern die Klinge lediglich so lange feststeht, wie die Griffe in der Hand gehalten werden.[69]

Einhandmesser, die nicht als Spring- oder Fallmesser oder als andere Messerart Waffe sind, sind keine Waffen im Sinne des WaffG und damit auch **keinen Vorschriften für eine sichere Aufbewahrung** oder **Regelungen zum Mindestalter** unterworfen.

1.4.3. Sonstige Messer, insbesondere Jagdmesser

Eindeutig als Werkzeug oder Alltagsgegenstand bestimmte Messer wie etwa **Küchenmesser**, **Machete** (Buschmesser, Haumesser) oder **Filettiermesser** eines Anglers werden als feststehendes Messer von den Vorschriften des § 42a WaffG (Führverbot) erfasst, wenn die Klingenlänge 12 cm überschreitet. In diesem Falle würde etwa das Führen (Transport) gemäß § 42a Abs. 2 WaffG nur erlaubt sein, wenn das Messer durch Verwendung eines

---

[69] *Können die Griffteile des Faltmessers mittels eines Überwurfs o.ä. einhändig arretiert und festgestellt werden, wäre ein solches Modell Einhandmesser.*

verschlossenen Behälters oder einer verschlossenen Verkaufsverpackung nicht zugriffsbereit ist oder für das Führen ein **berechtigtes Interesse** vorliegt.

Jagdnicker und Hirschfänger sind als Werkzeuge, Gebrauchsmesser oder Zierrat anzusehen, sofern sie nur über eine einseitig geschliffene Klinge verfügen.[70] **Jagdnicker** haben eine schlanke Klinge, die lang genug ist, um neben der allgemeinen Verwendung als Gebrauchsmesser im Jagdbetrieb ein Stück Wild durch einen Stich in das Genick schnell und sicher zu erlösen (Jägersprache „mit der kalten Waffe abfangen"). **Hirschfänger** ermöglichen das Töten eines größeren und damit wehrhafteren Wildes in Situationen, in denen ein Jagdnicker aufgrund seiner Größe nicht geeignet ist. Hirschfänger ähneln dem **Saufänger**, der aber eine beidseitig geschliffene, sehr viel breitere und schwerere Klinge aufweist und für das Abfangen von Schwarzwild bestimmt ist. Der auf eine Stange aufgesteckte Saufänger, der wie eine Lanze verwendet werden kann, wird als **Saufeder** bezeichnet.

Messer mit **beidseitig geschliffenen Klingen** werden durch den Gesetzgeber als **Hieb- und Stoßwaffe** angesehen, unabhängig von der herstellerseitig angegebenen oder behaupteten Bestimmung. Dies betrifft ausdrücklich beidseitig geschliffene Hirschfänger und Saufänger.[71] Hirschfänger mit einseitig geschliffener Klinge von bis zu 40 cm Klingenlänge, heute mehr dekoratives Beiwerk, wurden früher als „Seitengewehr" bei der Jagd geführt.

Auch für Jagdmesser gelten die Führverbote nach §§ 42, 42a WaffG, allerdings besteht bei der Ausübung der Jagd und im Zusammenhang damit ein berechtigtes Interesse, diese zu führen, so dass ein Jäger bei der Jagd sowie im Zusammenhang mit der Jagd, somit auch bei Fahrt oder Gang in das oder aus dem Revier, diesen Führverboten nicht unterfällt. Ausnahmen bezüglich bestimmter Klingenlängen in den Verboten sind zu beachten.

---

[70] *WaffVwV zu Anlage 1 A1 UA2 Nr. 1.1 WaffG, Absatz 4*

[71] *WaffVwV zu Anlage 1 A1 UA2 Nr. 1.1 WaffG, Absatz 5*

2. Bestimmungstafeln

Bezeichnung	**Selbstlader (Halbautomat)**
Kategorie	Schusswaffe
Definition	Schusswaffen, die nach Abgabe eines Schusses selbsttätig erneut schussbereit werden und bei denen aus demselben Lauf durch einmalige Betätigung des Abzuges oder einer anderen Schussauslösevorrichtung jeweils nur ein Schuss abgegeben werden kann (Halbautomaten); als automatische Schusswaffen gelten auch Schusswaffen, die mit allgemein gebräuchlichen Werkzeugen in Automaten geändert werden können.
Synonym	Pistole, Selbstladeflinte (SLF), Selbstladebüchse (SLB), Sturmgewehr
Waffe nach ...	§ 1 Abs. 2 Nr. 1 WaffG
Norm Begriff	Anlage 1 A1 UA1 Nr. 2.2
Möglicher Verstoß	§§ 41 (Waffenverbot), 42 WaffG (Führverbot)

Bei Selbstladewaffen sorgen meist der Rückstoß oder der am Lauf abgenommene Gasdruck für die Repetierbewegung des Verschlusses. Selbstladebüchsen sind vorwiegend im militärischen und sportlichen Bereich anzutreffen, im jagdlichen Bereich oftmals als Selbstladeflinten.

Jäger dürfen halbautomatische Langwaffen erwerben und besitzen, wenn die Jagd mit ihnen nach § 19 Abs. 1 BJagdG nicht verboten ist. Das Bundesjagdgesetz untersagt lediglich den **Schuss aufs Wild** mit solchen halbautomatischen Langwaffen, die mit mehr als drei Patronen **geladen sind**. Das Einführen eines Magazins mit mehr als zwei Schuss Kapazität ist kein Verstoß gegen das WaffG, da der Besitz dieser Waffe von der zugrundeliegenden Erwerbserlaubnis (gültiger Jagdschein) des § 13 Abs. 3 WaffG umfasst wird. Gleiches gilt für Schüsse, die nicht auf Wild abgegeben werden, wenn die halbautomatische Waffe mit mehr als drei Patronen geladen ist.

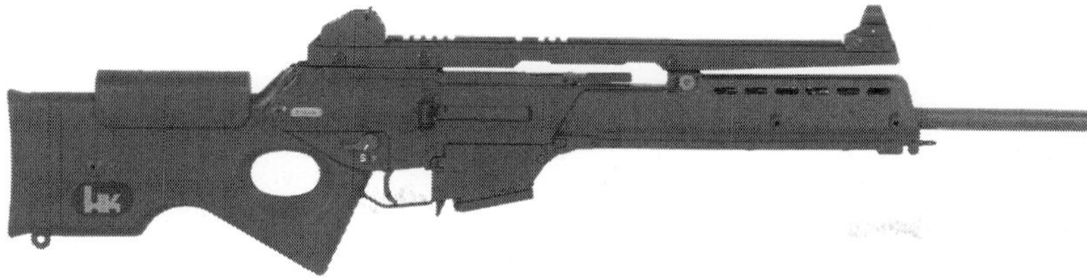

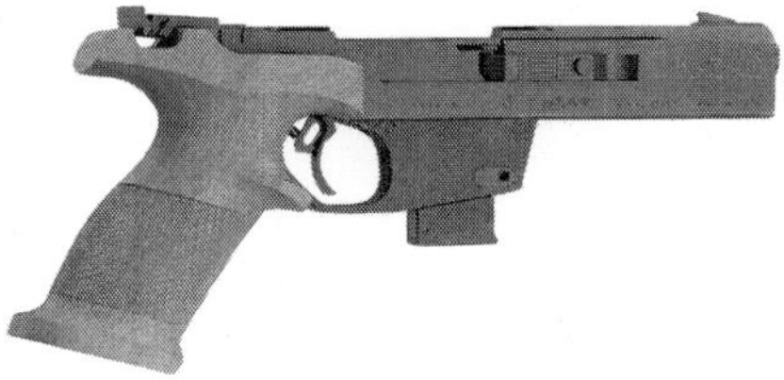

SLB 2000 LIGHT

Bezeichnung	**Repetierwaffe**
Kategorie	Schusswaffe
Definition	Schusswaffen, bei denen das Zuführen der Patrone aus einem Magazin, das Abfeuern und das Entfernen der Patrone oder Patronenhülse mit Hilfe eines nur von Hand zu betätigenden Mechanismus erfolgt
Synonym	Repetierbüchse, Unterhebelrepetierer (UHR, engl. „lever action“), Winchester, Vorderschaftrepetierer (VSR), Vorderschaftrepetierflinte (VSRF), Vorderschaftrepetierbüchse (VSRB), Repetierpistole
Waffe nach ...	§ 1 Abs. 2 Nr. 1 WaffG
Norm Begriff	Anlage 1 A1 UA1 Nr. 2.3
Möglicher Verstoß	§§ 41 (Waffenverbot), 42 WaffG (Führverbot)

Repetierwaffen führen Munition in einem Magazin. Das Magazin ist fest in die Waffe eingebaut (auch als Trommel) oder als Wechselmagazin vorgesehen. Der Begriff „Mehrlader“ für Repetierwaffen ist in der Praxis untauglich, da auch automatische Waffen Mehrlader sind.

Repetierbüchsen gelten im Vergleich zu Automaten als präziser. Zudem sind automatische Büchsen im Bereich der Jagd vielerorts nicht gern gesehen. Auch hinsichtlich der Sicherheit bieten Repetierer einen Vorteil – der Schütze entscheidet selbst, wann die Waffe wieder schussbereit ist. Beim Automaten übernimmt das die Waffe.

Beachten Sie zur möglichen Einordnung von Revolvern als Repetierwaffen die nachfolgende Bildtafel zum Begriff „Revolver“.

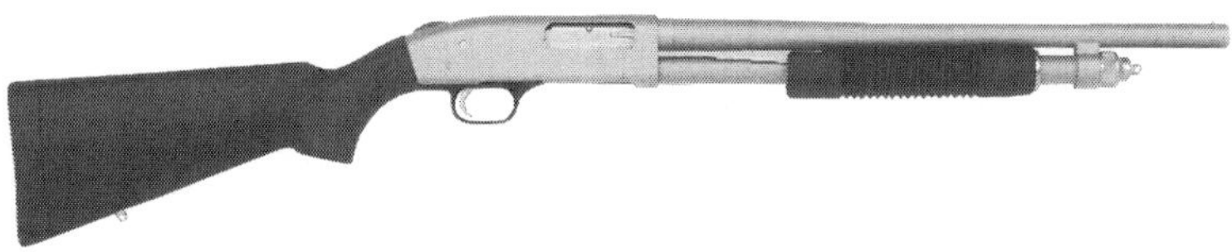

Bezeichnung	**Einzelladerwaffe**
Kategorie	Schusswaffe
Definition	Schusswaffen ohne Magazin mit einem oder mehreren Läufen, die vor jedem Schuss aus demselben Lauf von Hand geladen werden
Synonym	Flinte, Büchse, Drilling, Bockbüchse, Bockflinte, siehe auch „Kombinierte Waffen“, Tingle-Pistole, Terzerol, Derringer, Duellpistole, Vorderlader, Perkussionspistole
Waffe nach ...	§ 1 Abs. 2 Nr. 1 WaffG
Norm Begriff	Anlage 1 A1 UA1 Nr. 2.4
Möglicher Verstoß	§§ 41 (Waffenverbot), 42 WaffG (Führverbot)

Einzellader verfügen nicht über eine Vorrichtung, die eine automatische Zuführung von Munition aus einem Magazin, einer Trommel oder einem Gurt in das Patronenlager ermöglicht. Der Verschluss muss händisch geöffnet werden, die Patrone eingelegt und der Verschluss wieder geschlossen werden.

Auch eine Doppelflinte oder ein Drilling sind Einzellader im Sinne des Waffengesetzes, da aus jedem Rohr nur ein einziger Schuss abgegeben werden kann und dann per Hand nachgeladen werden muss. Gleiches gilt für **Vorderladerwaffen**.

Im Bereich der Langwaffen findet man Einzellader hauptsächlich im Bereich der Jagdwaffen und der Kleinkaliber-Matchbüchsen, bei den Kurzwaffen vereinzelt im Bereich der Matchpistolen zum Silhouettenschießen. Ein klassischer Einzel-, weil Vorderlader, ist der ein- oder zweiläufige **Terzerol**, eine besonders kleine Pistole.

Zur Abgrenzung gegenüber einer automatischen oder Repetierwaffe bedarf es immer der Überprüfung. Hat die Waffe einen Magazineinschub oder ein eingebautes funktionsfähiges Kasten- oder Röhrenmagazin, handelt es sich nicht um einen Einzellader.

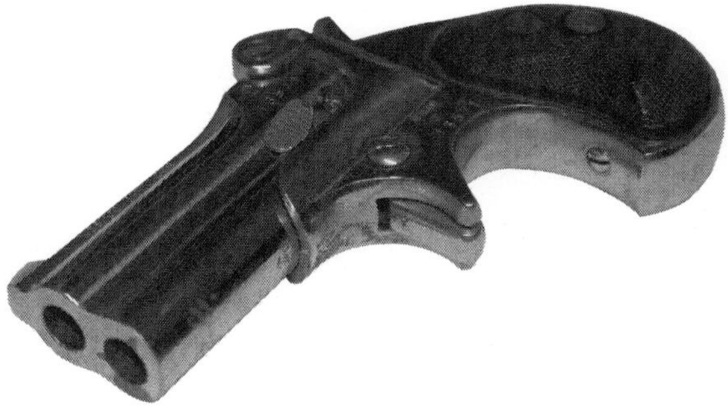

Bezeichnung	**Revolver**
Kategorie	Schusswaffe
Definition	Keine gesetzliche Definition vorhanden; hilfsweise: Waffe, die den Patronenvorrat in einer drehbaren Trommel (Walze) enthält, die das jeweilige Kartuschen-, Geschoss- oder Patronenlager (Kammer) bei Spannung des Schlagstücks vor dem Lauf positioniert
Synonym	Revolverbüchse, Revolvergewehr, Revolverflinte, Drehling (mehrschüssiger Vorläufer des Revolvers im 15. Jhdt.)
Waffe nach ...	§ 1 Abs. 2 Nr. 1 WaffG
Norm Begriff	keine gesetzliche Definition (siehe oben)
Möglicher Verstoß	§§ 41 (Waffenverbot), 42 WaffG (Führverbot)

Der Revolver stellt keine gesonderte Schusswaffenart im Sinne der Anlage 1 A1 UA1 Nr. 2 WaffG dar. Er ist, da die zugrundeliegenden Definitionen nicht erfüllt werden, weder Einzelladerwaffe oder Repetierwaffe. Die Einordnung als Automat wird, allerdings nur für Double-Action-Revolver, gesetzlich verneint.

Bezüglich der mechanischen Abläufe wäre, müsste eine Zuordnung zu einer der drei vorgenannten Arten von Schusswaffen erfolgen, die Einordnung als Repetierwaffe anzunehmen.

Auch wenn es sich bei Revolvern nicht um Repetierwaffen handeln würde, wäre diese klare Abgrenzung nur im Falle von Langwaffen relevant, da im Falle von Kurzwaffen eine Einordnung als Repetierwaffe den Revolver bezüglich der gesetzlichen Folgen weder besser noch schlechter stellt als eine Kurzwaffe ohne derartige Kategorisierung.

Moderne Revolver sind in der Regel mehrschüssige Kurzwaffen für Patronenmunition, die über einen Double-Action-Abzug verfügen. Klassische (Western-) Revolver verfügen meist über einen Single-Action-Abzug, oftmals handelt es sich um Modelle mit Perkussionszündung.

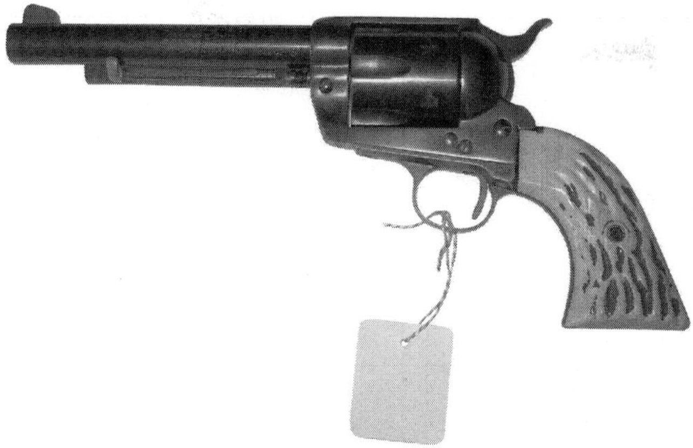

Bezeichnung	**Verbotene Vorderschaftrepetierflinte (VSRF)**
Kategorie	Schusswaffe, Repetierwaffe
Definition	... bei denen anstelle des Hinterschafts ein Kurzwaffengriff vorhanden ist **oder** die Waffengesamtlänge in der kürzest möglichen Verwendungsform weniger als 95 cm **oder** die Lauflänge weniger als 45 cm beträgt
Synonym	Pumpe, Pump-Action-Flinte, Pumpgun, Riotgun, VSRF
Waffe nach ...	§ 1 Abs. 2 Nr. 1 WaffG
Norm Begriff	Anlage 1 A1 UA1 Nr. 2.3 in Verbindung mit Anlage 2 A1 Nr. 1.2.1.2
Möglicher Verstoß	§ 2 Abs. 3 WaffG in Verbindung mit Anlage 2 A1 Nr. 1.2.1.2

Verbotsmerkmale sind bei Vorhandensein eines **Kurzwaffengriffs** (der Begriff „Pistolengriff" wäre einschränkend) ein **Klappschaft** oder das Fehlen eines Schaftes; zudem darf die Gesamtlänge der Waffe 95 cm nicht unterschreiten, die Lauflänge (Lauf einschließlich Patronenlager) nicht unter 45 cm sein. Auch bei VSR-Waffen mit gezogenen Läufen in einem „typischen Flintenkaliber" gilt das Verbot, obwohl es sich dabei per definitionem nicht um eine Flinte handelt.

VSRF mit zu- oder umschaltbarem halbautomatischem Nachladesystem sind als Repetierwaffe und Selbstlader anzusehen. Hier ist jeweils die im Einzelfall gefahrenmindernde Einordnung vorzunehmen – so wäre in diesem Beispiel davon auszugehen, dass der Zustand „Selbstlader" als Art der Waffe bei der Beantragung einer Erwerbserlaubnis anzusetzen wäre, bei dem Verbot der „Vorderschaftrepetierflinte mit Kurzwaffengriff" dagegen der Zustand „Repetierwaffe", da in beiden Fällen der Einordnung Gefahren durch einen nicht bedürfnisbegründeten Umgang vermindert werden (so auch BKA-Feststellungsbescheid SO11-5164.01-Z-180 vom 11. Februar 2009).

Bezeichnung	**SRS-Waffe**
Kategorie	Waffe, den Schusswaffen gleichgestellt
Definition	Tragbare Gegenstände, die zum Abschießen von Munition zum Angriff oder zur Verteidigung, zur Signalgebung, zur Jagd, zur Distanzinjektion, zur Markierung, zum Sport oder zum Spiel bestimmt sind
Synonym	Schreckschusswaffe, Gasrevolver, Gaspistole
Waffe nach ...	§ 1 Abs. 2 Nr. 1 WaffG
Norm Begriff	Anlage 1 A1 UA1 Nr. 1.2.1
Möglicher Verstoß	§§ 41 (Waffenverbot), 42 WaffG (Führverbot), § 2 Abs. 1 (Mindestalter)

Das Kürzel SRS steht für die Anfangsbuchstaben der ausführlichen Bezeichnung <u>S</u>chreckschuss-, <u>R</u>eizstoff- und <u>S</u>ignalwaffe.

In SRS-Waffen wird, anders als in Schusswaffen, anstelle eines Laufes ein Gaslauf verwendet, der Verbrennungsgase und Reizstoffe ableitet. Er ist durch seine Gestaltung oder durch Sperren (siehe nebenstehende obere Abbildung, Mündungsbereich einer GECO P35) nicht geeignet, um Geschosse hindurchzuführen. Laufsperren sind in der Regel von vorn sichtbar, bei Revolvern auch laufseitige Einengungen der Trommelkammern.

Neben einem gültigen Beschusszeichen (auch SRS-Waffen unterliegen der Pflicht zum Einzelbeschuss) müssen SRS-Waffen wie nebenstehend unten abgebildet das Zeichen „PTB im Kreis" oder eine andere gesetzliche erforderliche Kennzeichnung nach Anlage 2 A2 UA2 Nr. 1.3 WaffG tragen, um erlaubnisfrei erworben und besessen werden zu dürfen. Zum Führen ist eine Erlaubnis in Form des sogenannten „Kleinen Waffenscheins" erforderlich.

SRS-Waffen sind <u>keine</u> Anscheinswaffen, da es zum Führen einer Erlaubnis bedarf (Ausnahme für die Einstufung als Anscheinswaffe nach Anlage 1 A1 UA 1 Nr. 1.6 WaffG). Die Erfolgsaussichten, durch Drohung mit einer anscheinend „scharfen" Schusswaffe einen Angriff abzuwehren, sind zumindest fraglich. Gleichwohl sind SRS-Waffen in der Regel sehr vorbildgetreu gestaltet und für den unkundigen Beobachter, insbesondere im Zwielicht, kaum von ihren Vorbildern zu unterscheiden.

P35
PTB
456
MADE IN WEST GERMANY

Bezeichnung	**Wilderergewehr**
Kategorie	Schusswaffe, (meist) Einzellader
Definition	Kann über den für Jagd- und Sportzwecke allgemein üblichen Umfang hinaus zusammengeklappt, zusammengeschoben, verkürzt oder schnell zerlegt werden
Synonym	Wilddiebgewehr
Waffe nach ...	§ 1 Abs. 2 Nr. 1 WaffG
Norm Begriff	Anlage 1 A1 UA1 Nr. 1.1 in Verbindung mit Anlage 2 A1 Nr. 1.2.3
Möglicher Verstoß	§ 2 Abs. 3 WaffG in Verbindung mit Anlage 2 A1 Nr. 1.2.3

Die Abgrenzung zwischen erlaubter schneller Demontage-Möglichkeit (**Take-down-Waffe**) und der verbotenen Wildererwaffe, die ebenfalls schnell in kurze, leicht in der Kleidung versteckbare Teile zerlegbar sein muss, ist in der Praxis äußerst mühselig. Es müssen daher im Einzelfall durch die Fachabteilung des LKA oder das BKA Ermittlungen geführt werden, um eine rechtlich einwandfreie Einordnung zu erreichen.

Hinweis auf die Zuordnung als Wildererwaffe ist insbesondere die Möglichkeit, die demontierten Bestandteile im Schaft unterzubringen. Gleiches gilt für die Möglichkeit einer schnellen Demontage mit Hilfe einer händisch lösbaren Überwurfmutter mit Rändelung, die zur Laufbefestigung dient (wie in der nebenstehenden Abbildung). Nach Anerkennung des Bedürfnisses für Schalldämpfer für Jäger in fast allen Bundesländern ist dagegen ein Außengewinde am Laufende kein hinreichendes Merkmal mehr für eine Einstufung als Wildererwaffe.

Abbildung zeigt oben Gewehr im fast verpackten Zustand (Schaftkappe als Deckel), unten die drei Bestandteile der demontierten Waffe (Schaft mit aufgesteckter Kappe, Lauf mit Mutter, Verschlussgehäuse mit Abzugsgruppe und Magazin, von oben nach unten).

Bezeichnung	**Kombinierte Waffe (Drilling etc.)**
Kategorie	Schusswaffe, Einzellader
Definition	Mehrläufige Schusswaffen, bei denen ein Lauf ein gezogener oder glatter Lauf ist und mindestens ein weiterer Lauf nicht dieser Laufart entspricht
Synonym	Siehe nachfolgende Übersichten
Waffe nach ...	§ 1 Abs. 2 Nr. 1 WaffG
Norm Begriff	-
Möglicher Verstoß	§§ 41 (Waffenverbot), 42 WaffG (Führverbot)

Kombinierte Waffen sind **Jagdwaffen**. Sie verfügen über mindestens zwei verschiedene Laufarten und mindestens zwei Kaliber. Sie sind im Jagdbereich anzutreffen, zum Beispiel als Kombination aus glattem Flintenlauf und gezogenem Büchsenlauf übereinander, der **Bockbüchsflinte**. Die Bezeichnung „Bock" leitet sich vom *Aufbocken* der Läufe ab, im Gegensatz zur früher üblichen Anordnung nebeneinander.

Kombinierte Waffen werden als Kipplaufsysteme angeboten und sind **Einzellader**. Neben der beschriebenen Bockbüchsflinte gibt es die verschiedensten Kombinationen von Flinten- und Büchsenläufen, darunter der **Doppelbüchsdrilling** (ein Flintenlauf, zwei Büchsenläufe) und der **Drilling** (zwei Flintenläufe mit einem zusätzlichen Büchsenlauf).

Die nachfolgenden Ansichten zeigen den Lauf von der „unfreundlichen Seite", sprich aus der Perspektive des Zieles. Dabei steht ein vollständiger Kreis für einen glatten Flintenlauf, ein Kreis „mit Kerben" stellt dagegen den gezogenen Büchsenlauf dar. Die Bezeichnung der jeweiligen Kombination (es sind auch mehrere Synonyme möglich) befindet sich links daneben.

Neben den kombinierten Waffen sind auch **Laufbündel** gleicher Laufarten aufgeführt.

Laufbündel mit ausschließlich glatten Läufen

Doppelflinte
Querflinte

Bockflinte
Bockdoppelflinte
BDF

Flintendrilling
Schrotdrilling

Laufbündel mit ausschließlich gezogenen Läufen

Doppelbüchse

Bockbüchse
Bockdoppelbüchse
BDB

Kombinierte Laufbündel

Bergstutzen links

Bergstutzendrilling rechts

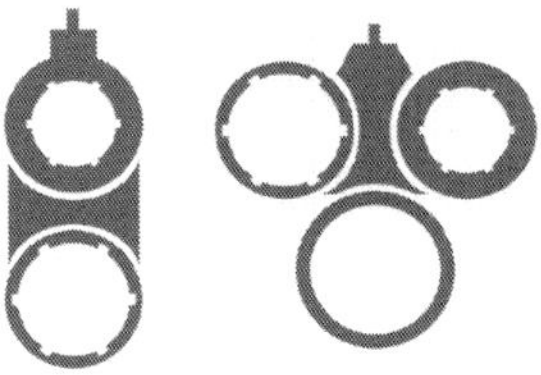

Büchsflinte

Bockbüchsflinte
BBF

Drilling

(„Schienendrilling“ / „Waldläufer“ bei Lage des Kugellaufes über den glatten Rohren)

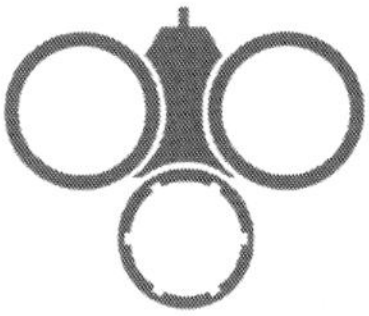

Doppelbüchsdrilling

Bockdrilling

Bezeichnung	**Schalldämpfer**
Kategorie	Waffe
Definition	Vorrichtungen, die der wesentlichen Dämpfung des Mündungsknalls dienen und für Schusswaffen bestimmt sind.
Synonym	Silencer, Schallschlucker, Dämpfer
Waffe nach ...	§ 1 Abs. 2 Nr. 1, Anl. 1 A1 UA1 Nr. 1.3 WaffG
Norm Begriff	Anlage 1 A1 UA1 nach Nr. 1.3.3 WaffG
Erlaubnispflicht	Die Erlaubnispflicht richtet sich nach der Waffe, für die der Schalldämpfer bestimmt ist; Ausnahme für Jäger in § 13 Abs. 9 WaffG (siehe Kapitel 3.4.2 und 3.6.2).
Bemerkungen	Eine wesentliche Dämpfung des Mündungsknalls liegt dann vor, wenn für einen Ohrenzeugen eine wahrnehmbare Verminderung des Mündungsknalls erfolgt; dies ist bereits ab 3 dB (A) der Fall. Zur maximalen Dämpfung des Gesamtknalls einer Schusswaffe, der sich aus dem Knall des Gases und dem Knall des Geschosses zusammensetzt, ist neben dem Schalldämpfer die Verwendung von Munition erforderlich, dessen Geschoss lediglich Unterschallgeschwindigkeit erreicht („Subsonic"). Die Verwendung von Subsonic-Munition bei der Jagd ist in der Regel nicht zulässig. Kriminaltaktisch stellen Schalldämpfer, anders als lange Zeit vermutet, keine besondere Gefährdung dar. Insbesondere Schalldämpfer von Sportschützen und Jägern sind statistisch unauffällig (so BKA-Bericht zu Schalldämpfern SO 11 101 – 2013-0014079990).

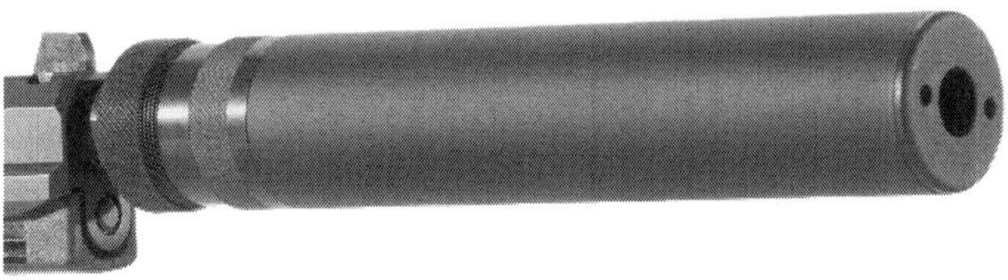

Bezeichnung	**Zielscheinwerfer**
Kategorie	Waffe
Definition	Für Schusswaffen bestimmte Vorrichtungen, die das Ziel beleuchten. Ein Ziel wird dann beleuchtet, wenn es mittels Lichtstrahlen bei ungünstigen Lichtverhältnissen oder Dunkelheit für den Schützen erkennbar dargestellt wird. Dabei ist es unerheblich, ob das Licht sichtbar oder unsichtbar (z. B. infrarot) ist und ob der Schütze weitere Hilfsmittel für die Zielerkennung benötigt.
Synonym	Lampe
Waffe nach ...	§ 1 Abs. 2, 4 WaffG iVm Anlage 1 A1 UA1 Nr. 4.1, Anlage 2 A1 Nr. 1.2.4.1 WaffG
Norm Begriff	Anlage 1 A1 UA1 Nr. 4.1 WaffG
Möglicher Verstoß	§ 2 Abs. 3 WaffG in Verbindung mit Anlage 2 A1 Nr. 1.2.4.1 WaffG (Umgangsverbot)
Bemerkungen	Maßgebliche Verbotseigenschaft ist die Montage oder Montagemöglichkeit an einer Schusswaffe, wenn die Vorrichtung für diesen Zweck bestimmt ist.[72]

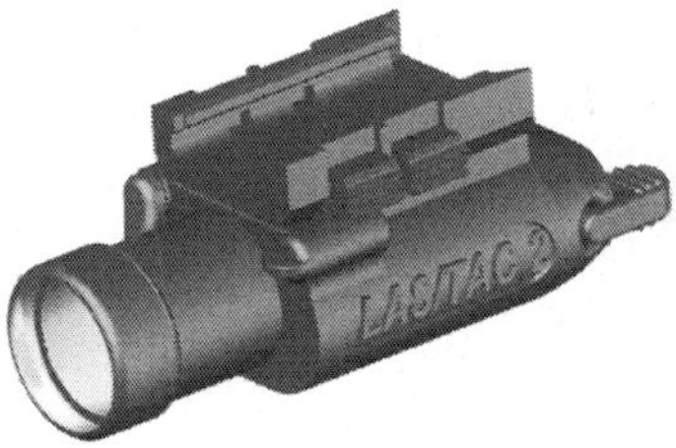

[72] *BVerwG 6 C 21/08, Urteil vom 24. Juni 2013*

Bezeichnung	**Zielpunktprojektor**
Kategorie	Waffe
Definition	Für Schusswaffen bestimmte Vorrichtungen, die das Ziel markieren. Ein Ziel wird markiert, wenn auf diesem für den Schützen erkennbar ein Zielpunkt projiziert wird.
Synonym	Laser
Waffe nach ...	§ 1 Abs. 2, 4 WaffG iVm Anlage 1 A1 UA1 Nr. 4.2, Anlage 2 A1 Nr. 1.2.4.1 WaffG
Norm Begriff	Anlage 1 A1 UA1 Nr. 4.2 WaffG
Möglicher Verstoß	§ 2 Abs. 3 WaffG in Verbindung mit Anlage 2 A1 Nr. 1.2.4.1 WaffG (Umgangsverbot)
Bemerkungen	**Leuchtpunktzielgeräte** fallen nicht unter den Begriff des Zielpunktprojektors, wenn sie keine Strahlung in Richtung des Zieles abgeben. Maßgebliche Verbotseigenschaft ist die Montage oder Montagemöglichkeit an einer Schusswaffe, wenn die Vorrichtung für diesen Zweck bestimmt ist.[73]

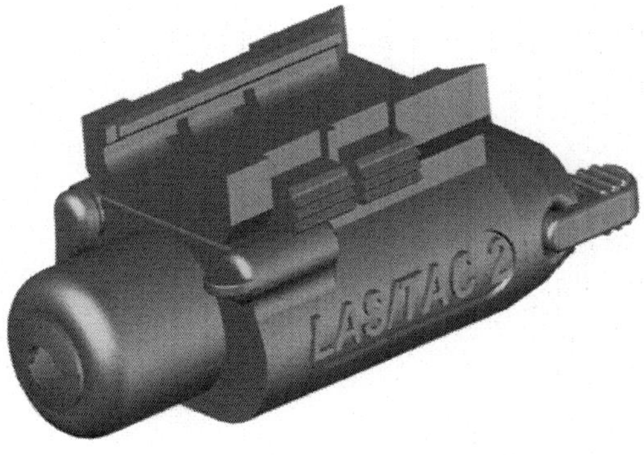

[73] *BVerwG 6 C 21/08, Urteil vom 24. Juni 2013*

Bezeichnung	**Nachtsichtgerät / Nachtzielgerät / Nachtsichtvorsätze und Nachtsichtaufsätze für Zielhilfsmittel**
Kategorie	Waffe
Definition	Für Schusswaffen bestimmte Vorrichtung, die eine elektronische Verstärkung oder einen Bildwandler und eine Montageeinrichtung für Schusswaffen besitzt. Erfasst sind auch Nachtsichtvorsätze und Nachtsichtaufsätze für Zielhilfsmittel (Zielfernrohre), sie gelten als Nachtzielgerät. **Wärmebildwandler** fallen unter Begriff und Verbot.[74]
Synonym	Restlichtverstärker
Waffe nach ...	§ 1 Abs. 2, 4 WaffG iVm. Anlage 1 A1 UA1 Nr. 4.3, Anlage 2 A1 Nr. 1.2.4.2 WaffG
Norm Begriff	Anlage 1 A1 UA1 Nr. 4.3 WaffG
Möglicher Verstoß	§ 2 Abs. 3 WaffG in Verbindung mit Anlage 2 A1 Nr. 1.2.4.2 WaffG (**Umgangsverbot**)
Bemerkungen	Maßgebliche Verbotseigenschaft ist die **Montagemöglichkeit** an einer Schusswaffe oder an einem Zielhilfsmittel, wenn die Vorrichtung ausschließlich für diesen Zweck bestimmt ist.[75] Zu unterscheiden sind • **Single-Use**-Geräte, die ausschließlich zur Verwendung an Schusswaffen bestimmt sind, und • **Dual-Use**-Geräte, die zwar an einer Waffe montiert werden könnten, aber grundsätzlich auch anderen Zwecken dienen sollen, etwa als Vorsatzgerät an Fernglas oder Fotoapparat. Werden „Dual-Use“-Geräte an einer Waffe befestigt, etwa mit Klebeband oder mit einer

[74] BKA-Feststellungsbescheid SO11 – 5164.01-Z-382

[75] BVerwG 6 C 21.08, Urteil vom 24. Juni 2013

	Klemmmontage, verwirklicht der Verwender auch mit einem Dual-Use-Gerät im Zeitraum zwischen Montage und Demontage die gesetzlich missbilligte Handlung, womit er sich strafbar macht, ohne dass in diesem Moment das Dual-Use-Gerät Waffe im Sinne des WaffG ist oder wird.[76]
Ergänzung	**Jäger** dürfen nach § 40 Abs. 3 WaffG abweichend von dem Verbot nach § 2 Abs. 3 WaffG in Verbindung mit Anlage 2 A1 WaffG Umgang mit diesen Gegenständen haben, ebenso Inhaber einer Waffenhandels- oder Waffenherstellungserlaubnis (siehe Kapitel 3.4.3).

Beispielbild: Wärmebildgerät (Dual-Use) „Leica CALONOX Sight", hier montiert als Vorsatz an Zielfernrohr unter Verwendung eines Montageadapters; oben Übersicht, unten als Detailaufnahme (Abb. m. frdl. Gen. Leica Camera AG, Wetzlar)

---

[76] *BKA-Feststellungsbescheid SO11 – 5164.01-Z-355*

Bezeichnung	**Magazin**
Kategorie	Waffe
Definition	Für die Verwendung in Schusswaffen bestimmte Munitionsbehältnisse, die der Aufbewahrung und Zuführung von Patronen im Rahmen des Ladevorgangs dienen.
Synonym	Ladevorrichtung
Waffe nach ...	§ 1 Abs. 2, 4 WaffG iVm Anlage 1 A1 UA1 Nr. 4.4, Anlage 2 A1 Nr. 1.2.4.1 WaffG
Norm Begriff	Anlage 1 A1 UA1 Nr. 4.4 WaffG
Möglicher Verstoß	§ 2 Abs. 3 WaffG iVm Anlage 2 A1 Nr. 1.2.4.3 ff. WaffG (Umgangsverbot): Magazine mit hoher Kapazität („high capacity", „Hi-Cap-Magazine")
Hinweis	Schaftmagazine, die Munition im Schaft oder als elastisches Etui am Schaft aufnehmen, sind keine Magazine im Sinne des Gesetzes, da sie nicht dem Zuführen von Patronen beim Ladevorgang dienen.

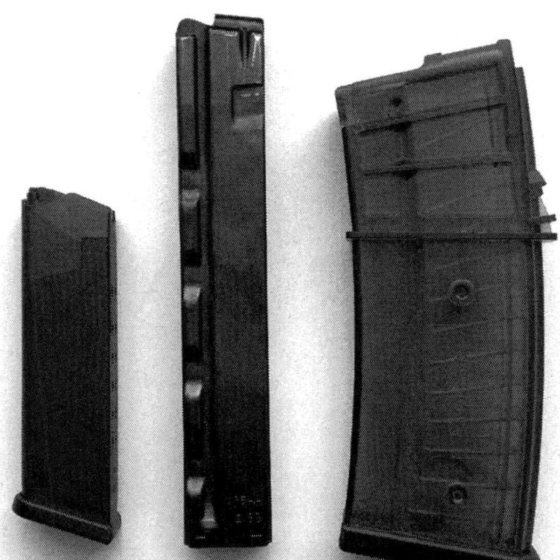

Bezeichnung	**Springmesser**
Kategorie	Messer
Definition	Messer, dessen Klinge auf Knopf- oder Hebeldruck hervorschnellt und hierdurch oder beim Loslassen der Sperrvorrichtung festgestellt werden kann
Synonym	Stellmesser, Springer
Waffe nach ...	§ 1 Abs. 2 Nr. 2 Buchst. b WaffG
Norm Begriff	Anlage 1 A1 UA2 Nr. 2.1.1
Möglicher Verstoß	§ 2 Abs. 3 WaffG in Verbindung mit Anlage 2 A1 Nr. 1.4.1 (Verbotene Waffe)
Bemerkungen	**Nicht verboten (Ausnahme** vom Umgangsverbot, aber **Waffe** im Sinne des WaffG), wenn Klinge seitlich aus dem Griff springt und Klingenteil außerhalb des Griffs höchstens 85 mm lang und die Klinge nicht zweiseitig geschliffen; **dann Führverbot** nach §§ 42, 42a WaffG. **Keine Waffe** gemäß § 1 Abs. 2 Nr. 2 Buchst. b nach BKA-Feststellungsbescheid KT21/SO 11-5164.01-Z-76, wenn die Klinge bis zu 41 mm lang und bis zu 10 mm breit ist („Kleinstmesser"); somit würde das Verbot nicht greifen. Das Messer könnte aber als **Einhandmesser** von den Regelungen des § 42a WaffG erfasst sein. Bei **defekter Feder** entfällt die verbotsbegründende Eigenschaft und damit die Einordnung als verbotener Gegenstand; denkbar wäre aber dann die Einstufung als (ebenso) verbotenes Fallmesser (BGH 1 StR 35/17). Wichtig: **Bemerkungen zum Fallmesser** beachten!

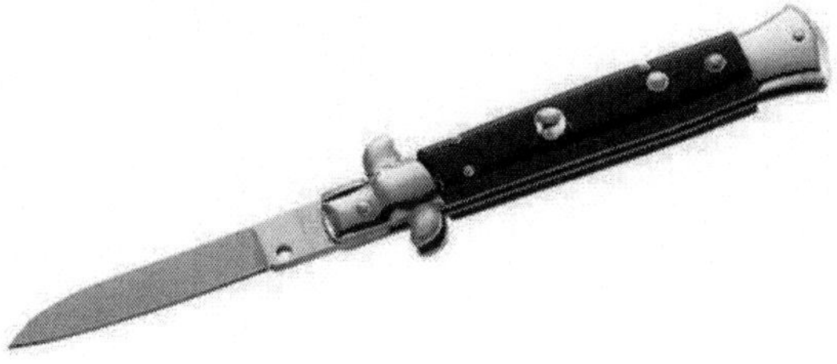

Bezeichnung	**Fallmesser**
Kategorie	Messer
Definition	Messer, deren Klingen beim Lösen einer Sperrvorrichtung durch ihre Schwerkraft oder durch eine Schleuderbewegung aus dem Griff hervorschnellen und selbsttätig oder beim Loslassen der Sperrvorrichtung festgestellt werden
Synonym	Fallschirmjägermesser
Waffe nach ...	§ 1 Abs. 2 Nr. 2 Buchst. b WaffG
Norm Begriff	Anlage 1 A1 UA2 Nr. 2.1.2
Möglicher Verstoß	§ 2 Abs. 3 WaffG in Verbindung mit Anlage 2 A1 Nr. 1.4.1 (Verbotene Waffe)
Bemerkungen **(gelten auch für das o. g. Springmesser)**	**Freistellung** sog. „Rettungsmesser" oder „Rescue-Tools" durch BKA-Feststellungsbescheid KT21/ZV25-5164.01-Z-20/2003; **Berechtigte nach dem Bundesversorgungsgesetz** (Kriegsopfer etc.), die ein solches Messer vor dem 30. Juni 2003 durch die Versorgungsbehörden der Länder erhalten haben, dürfen es nach BKA-Ausnahmegenehmigung, ZV 25-2-5166.00-489/03 vom 10. November 2003 sowohl **besitzen** als auch **führen**. § 42a WaffG ist auf dieses Einhandmesser nicht anzuwenden.

Bezeichnung	**Faustmesser**
Kategorie	Messer
Definition	Messer, mit einem quer zur feststehenden oder feststellbaren Klinge verlaufenden Griff, die bestimmungsgemäß in der geschlossenen Faust geführt oder eingesetzt werden
Synonym	Skinner, Stoßdolch, Kürschnermesser
Waffe nach ...	§ 1 Abs. 2 Nr. 2 Buchst. b WaffG
Norm Begriff	Anlage 1 A1 UA2 Nr. 2.1.3 WaffG
Möglicher Verstoß	§ 2 Abs. 3 WaffG in Verbindung mit Anlage 2 A1 Nr. 1.4.2 WaffG (Verbotene Waffe)
Bemerkungen	**Ausnahme** vom Umgangsverbot nach § 40 Abs. 3 WaffG für Inhaber einer jagdrechtlichen Erlaubnis und Angehörige Leder- und Pelz-verarbeitender Berufe, soweit das Messer zur Ausübung der Tätigkeit erforderlich ist

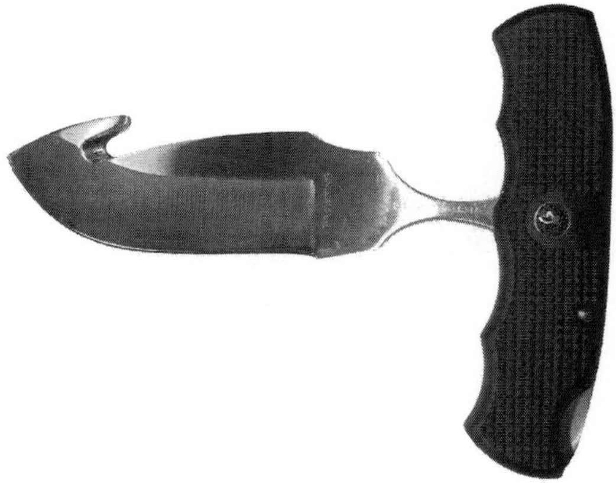

Bezeichnung	**Butterflymesser**
Kategorie	Messer
Definition	Faltmesser mit zweigeteilten, schwenkbaren Griffen
Synonym	Balisong, Butterfly, Faltmesser
Waffe nach ...	§ 1 Abs. 2 Nr. 2 Buchst. b WaffG
Norm Begriff	Anlage 1 A1 UA2 Nr. 2.1.4 WaffG
Möglicher Verstoß	§ 2 Abs. 3 WaffG in Verbindung mit Anlage 2 A1 Nr. 1.4.3 WaffG (Verbotene Waffe)
Bemerkungen	Gemäß § 1 Abs. 2 Nr. 2 Buchst. b WaffG nach BKA-Feststellungsbescheid KT21/SO 11-5164.01-Z-76 handelt es sich nicht um eine Waffe, wenn die Klinge bis zu 41 mm lang und bis zu 10 mm breit ist („Kleinstmesser"); somit würde auch das Verbot nicht greifen.

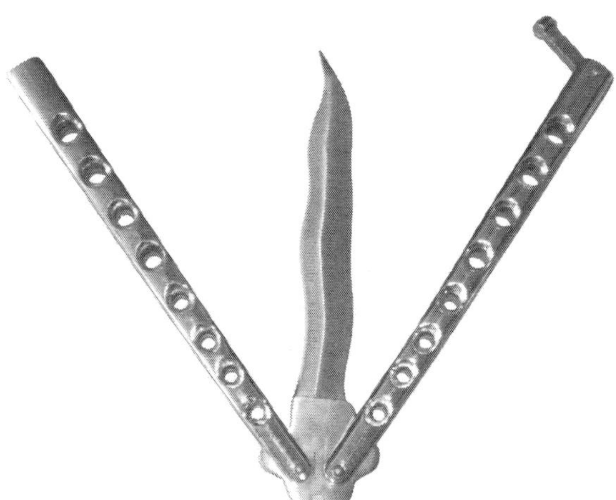

Bezeichnung	**Einhandmesser**
Kategorie	Messer
Definition	Messer mit einhändig feststellbarer Klinge
Betrifft auch ...	Bestimmte Teppichmesser, Cuttermesser, Multitool
Waffe nach ...	-
Norm Begriff	§ 42a Abs. 1 Nr. 3 WaffG
Möglicher Verstoß	§ 42a WaffG (**Führverbot**, aber kein Besitzverbot)
Bemerkungen	Das Öffnen des Messers kann beliebig erfolgen, etwa über einen Pin (Knopf) an der Klinge, eine Bohrung oder Vertiefung in der Klinge oder eine Nase (Flipper) auf dem Klingenrücken; zur Einordnung kann das „Neumünsteraner Modell" dienen: „Ich setze mich auf eine Hand – kann ich die Klinge mit der anderen Hand feststellen, ist es ein Einhandmesser." Zu beachten ist, dass auch Fall- und Springmesser als Einhandmesser anzusehen sind, wenn sie die vorgenannte Definition erfüllen. Auch sog. Multitools können unter das Führverbot fallen, wenn es dem Träger möglich ist, mit lediglich einer Hand eine Klinge des Multitools festzustellen. Ist dies nicht möglich, unterliegt das Multitool nicht dem Führverbot.

Bezeichnung	**Feststehende Messer über 12 cm Klingenlänge**
Kategorie	Messer
Definition	s.o.
Synonym	Hirschfänger, Jagdnicker, Machete, Haumesser
Waffe nach ...	-
Norm Begriff	§ 42a Abs. 1 Nr. 3 WaffG
Möglicher Verstoß	§ 42a WaffG (Führverbot)
Bemerkungen	Durch das bloße Abstellen auf eine Klinge mit mehr als 12 cm Länge werden neben Macheten, Jagdnickern und Hirschfängern auch Haushaltsmesser (Küchenmesser) und Filettiermesser erfasst, die keine Hieb- und Stoßwaffe sind, sondern als Werkzeuge, Gebrauchsmesser oder Zierrat anzusehen sind (WaffVwV zu Anlage 1 A1 UA2 Nr. 1.1 WaffG); Schwert, Streitaxt oder Hellebarde wären Hiebwaffen und damit Waffe im Sinne von § 1 Abs. 2 Nr. 2 Buchst. a WaffG iVm. Anlage 1 A1 UA2 Nr. 1.1 WaffG.

Waffenbesitzkarte

Nr. ______________

Herr/Frau ______________________________

geboren am ______________________________

in ______________________________

wird hiermit die Erlaubnis erteilt, die von der Behörde auf Seite 2 bezeichneten Schusswaffen zu erwerben und zu besitzen. Die Erlaubnis gilt auch für die auf Seite 6 genannten Personen.

____

(Ort) (Datum)

Dienstsiegel

____

(Behörde)

____

(Unterschrift)

Artikel Nr. 3101404 Bundesdruckerei 2011

Lfd. Nr.	Art	Munitions-bezeichnung/ Kaliber	Berechtigt zum Erwerb bis zum (Dienstsiegel)	Hersteller Modellbezeichnung	Seriennummer	Berechtigt zum Erwerb und Besitz von für die Waffe bestimmter oder zugelassener Munition (Dienstsiegel)	erworben oder angemeldet		
							am	von	Behörde (Dienstsiegel)
1	2	3	4	5	6	7	8	9	10
1	<- - - - - - - - - - - VOREINTRAG - - - - - - - - ->								
2									
3									
4									
5									
6									
7									
8									

2 3 4

3. Waffen- und jagdrechtliche Erlaubnisse

Beachten Sie zu den Erfordernissen der ***Sachkunde, Zuverlässigkeit*** *und* ***Persönlichen Eignung*** *die entsprechenden Kapitel im einführenden Teil dieses Buches ab Seite 18.*

3.1. Einführung

Die Erlaubnis zum Umgang mit Waffen oder Munition ist der **zentrale Regelungsbereich** des Waffengesetzes.[77] Nach Einführung der Definitionen zu Waffen in § 1 WaffG und zu dem Umgang mit ihnen in §§ 2, 3 WaffG nennt § 4 WaffG die grundsätzlich erforderlichen Voraussetzungen für die Erteilung einer Erlaubnis. Spezielle Vorschriften, etwa für Erben von Schusswaffen, die beispielsweise weder Sachkunde noch Bedürfnis nachweisen müssen, sind zu beachten.

Das Bedürfnis ist nicht abschließend auf bestimmte Gruppen von natürlichen oder juristischen Personen beschränkt. Vielmehr ist nach den in § 8 WaffG genannten Voraussetzungen festzulegen und zu prüfen, wie und ob ein Bedürfnis nachgewiesen wird. Für die schon in § 8 WaffG beispielhaft genannten Bedürfnisgruppen wie Sportschützen, Jäger oder Sammler sind in den §§ 13, 14, 16, 17, 18, 19 und 28 WaffG Bedingungen genannt, nach deren Erfüllung ein Bedürfnis als nachgewiesen anzusehen ist. Wenn durch die spezielle Norm das Bedürfnis nicht nachgewiesen ist, ist aufgrund von § 8 WaffG ein Bedürfnis nachzuweisen und zu prüfen.

Eine Erlaubnis zum Erwerb und Besitz von Schusswaffen umfasst nicht den Erwerb und Besitz von gleichgestellten Gegenständen wie wesentlichen Teilen oder Schalldämpfern, soweit das Gesetz nicht eine andere Bestimmung[78] enthält. Die Gleichstellung aus Anlage 1 A1 UA1 Nr. 1.3 WaffG unterwirft diese Gegenstände nur der Erlaubnispflicht. Somit ist eine solche Erlaubnis grundsätzlich nach § 8 WaffG zu beantragen.

---

[77] Das Beschussgesetz (BeschG) regelt demgegenüber die technischen Voraussetzungen für den Umgang mit Schusswaffen und ihnen gleichgestellten Gegenständen sowie sonstigen technischen Geräten.

[78] Beispielhaft die Bestimmung in Anlage 2 A2 UA2 Nr. 2, 2a WaffG; danach ist etwa der Erwerb von Wechsel- und Austauschläufen sowie der Erwerb und Besitz von Einsteckläufen dann erlaubnisfrei möglich, wenn die Waffe, für die das entsprechende Teil bestimmt ist, bereits in der WBK des Erwerbers eingetragen ist, wobei u.U. Anzeigepflichten zu beachten sind.

3.1.1. Erlaubnispflicht

Grundsätzlich ist jeglicher Umgang mit Waffen im Sinne von § 1 Abs. 2 Nr. 1 WaffG in Verbindung mit Anlage 1 A1 UA1 Nr. 1 bis 4 WaffG und der für sie bestimmten Munition erlaubnispflichtig[79] – lediglich das Überlassen von Waffen oder Munition fällt nicht unter diese Regeln. Diese vermeintliche Sicherheitslücke wird aber durch die Verpflichtung des Überlassers, sich von der Befugnis des Erwerbers zu überzeugen, geschlossen.[80]

3.1.2. Erteilung der Erlaubnis

Die Erlaubnis zum **Erwerb und Besitz** von Waffen wird durch eine **Waffenbesitzkarte** erteilt, zum Erwerb und Besitz von Munition durch einen **Munitionserwerbsschein.**[81] Die Erlaubnis zum **Führen** einer Waffe wird durch einen **Waffenschein** erteilt.

3.1.3. Eintragungen in Erlaubnisdokumenten

Eintragungen in waffenrechtliche Erlaubnisse sind nur durch die zuständige Behörde zur Durchführung des Waffengesetzes vorzunehmen.

3.1.4. Inhaber der Erlaubnis

Die Waffenbesitzkarte (WBK) kann auf natürliche Personen sowie auf bestimmte juristische Personen, nämlich schießsportliche oder jagdliche Vereinigungen, ausgestellt werden. Besitzen mehrere Personen eine Schusswaffe, etwa Eheleute, die Jäger sind und die Waffen gemeinsam nutzen, kann die WBK auch auf diese Personen ausgestellt werden.

Der Waffenschein wird nur auf natürliche Personen ausgestellt. Für ein Bewachungsunternehmen ist der Unternehmer Inhaber der Erlaubnis.

---

[79] *Anlage 2 A2 UA1 WaffG*

[80] *§ 34 Abs. 1 WaffG*

[81] *Die WBK nach § 10 Abs. 1 WaffG ist bei entsprechender Eintragung als Erlaubnisdokument für Munitionserwerb und -besitz verwendbar; die WBK für Sportschützen nach § 14 Abs. 6 WaffG erlaubt den Erwerb und Besitz von Munition für die darin eingetragenen Schusswaffen.*

3.1.5. Wegfall der Erlaubnis

Entfällt die waffenrechtliche Erlaubnis durch Fristablauf, Rücknahme oder Widerruf, ist die **Waffe** grundsätzlich einem Berechtigten zu überlassen oder zu vernichten. Zugleich entfallen damit zusammenhängende Erlaubnisse, etwa zum Erwerb und Besitz von **Munition**. So ist der Besitz von Munition für eine Langwaffe im Kaliber .223 Rem. nicht mehr erlaubt, wenn die Munition aufgrund des befugten Waffenbesitzes erworben und besessen wurde und die Waffe selbst nicht mehr besessen wird.

3.1.6. Waffenbegriff

Als Waffen[82] gelten Schusswaffen, ihnen gleichgestellte Gegenstände und tragbare Gegenstände, die die Angriffs- oder Abwehrfähigkeit von Menschen herabsetzen und entweder dazu bestimmt sind oder bei fehlender Bestimmung ausdrücklich im Gesetz und seinen Anlagen genannt sind. **Tierabwehrgeräte** und **–sprays** unterliegen nicht dem Waffengesetz.

Schusswaffen sind Gegenstände, die zum Angriff oder zur Verteidigung, zur Signalgebung, zur Jagd, zur Distanzinjektion, zur Markierung, zum Sport oder zum Spiel bestimmt sind und bei denen Geschosse durch einen Lauf getrieben werden. Auf **gleichgestellte Gegenstände** sind Vorschriften zum Umgang mit Schusswaffen, für die sie bestimmt sind, anzuwenden, soweit das Gesetz nichts anderes bestimmt.

3.1.7. Munitionsbegriff

Munition im Sinne des Waffengesetzes[83] ist zum Verschießen aus Schusswaffen und ihnen gleichgestellten Gegenständen bestimmte Patronenmunition (mit Geschoss), Kartuschenmunition (ohne Geschoss), hülsenlose und pyrotechnische Munition. Geschosse sind keine Munition.

3.1.8. Erlaubnisfreiheit

Nicht von der Erlaubnispflicht erfasst sind die tragbaren Gegenstände nach Anlage 1 A1 UA2 WaffG – Hieb- und Stoßwaffen und weitere Gegenstände[84] unterliegen den Vorschriften des Waffengesetzes, was etwa die

---

[82] *§ 1 Abs. 2 WaffG*

[83] *Anlage 1 A1 UA3 WaffG*

[84] *§ 1 Abs. 2 Nr. 2 Buchst. a und b WaffG*

Aufbewahrung oder das Mindestalter für den Umgang angeht, nicht aber der Erlaubnispflicht.

Der Umgang mit geprüften[85] **Reizstoff-Sprühgeräten** ist erlaubnisfrei, da es sich bei diesen zwar um Waffen, nicht aber um Schusswaffen handelt (anders: **Reizstoffwaffen**[86] zum Verschießen von Reiz- oder anderen Wirkstoffen – diese sind Schusswaffen im Sinne des WaffG). Zudem ist der Umgang mit Reizstoffsprühgeräten ab 14 Jahren erlaubt. [87]

3.1.9. Vom Gesetz ganz oder teilweise ausgenommene Waffen

Anlage 2 A3 UA1 WaffG befreit bestimmte **Harpunengeräte** von den Regeln des Waffengesetzes – einzig das Mindestalter[88] von 18 Jahren ist für den Umgang erforderlich. Zudem dürfen Personen, gegen die ein **Waffenverbot**[89] besteht, keinen Umgang mit Harpunengeräten haben.

Anlage 2 A3 UA2 WaffG stellt **Spielzeugwaffen** von den Regeln des Waffengesetzes frei. Gleiches gilt für **zum Spiel bestimmte Schusswaffen**, wenn die Bewegungsenergie ihrer Geschosse 0,5 Joule nicht übersteigt.

3.1.10. Verbote

Verbote von Waffen können nur durch eine Erlaubnis des BKA[90] und nur für eine bestimmte Person aufgehoben werden, nicht aber durch eine Erlaubnis einer örtlich zuständigen Waffenbehörde. Nicht zulässig sind mangels Gesetzgebungskompetenz generelle Ausnahmen von Verboten, etwa mittels Feststellungsbescheid.[91]

---

[85] *Anlage 2 A1 Nr. 1.3.5 WaffG*

[86] *Anlage 1 A1 UA1 Nr. 2.7 WaffG*

[87] *§ 3 Abs. 2 WaffG*

[88] *§ 2 Abs. 1 WaffG*

[89] *§ 41 Abs. 1 WaffG*

[90] *§ 2 Abs. 5 in Verb. mit § 48 Abs. 3 WaffG, § 6 Abs. 4 AWaffV*

[91] *OLG Karlsruhe, Urteil vom 27. April 2007 - 1 Ss 75/ 06 – Unwirksamkeit Feststellungsbescheid des Bundeskriminalamtes vom 18. Juni 2004 (KT 21/ZV 25-55164.01 - Z - 33) zur Einstufung von Spielzeugwaffen mit neuer Festlegung der Energiegrenze*

3.2. Nationales Waffenregister (NWR)

Seit Inkrafttreten der Änderungen des Waffengesetzes 2020 sind **Ordnungsnummern** (NWR-ID) erforderlich, um im gewerblichen Bereich einen Überlassungsvorgang durchführen zu können. NWR-IDs dienen der Verwaltung der Daten, die zu Person oder Waffe erfasst wurden. Sie werden, anders als Seriennummern, nicht an der Waffe angebracht. Die NWR-ID wird dem Waffenbesitzer von der Waffenbehörde mitgeteilt und ist etwa erforderlich, um eine Waffe in Reparatur zu geben oder an einen Händler zu veräußern.

Schon schlichte Reparaturarbeiten an Schusswaffen zwingen etwa den Büchsenmacher, von seinem Kunden die NWR-IDs zu fordern, wenn er eine Waffe zur Instandsetzung annimmt und vorübergehend besitzt.

Allerdings sind Ausnahmen zu beachten, etwa für die zuvor geschilderte Situation: Wird die Waffe voraussichtlich nicht länger als einen Monat in der tatsächlichen Gewalt des Gewerbetreibenden sein, kann die Anzeige an das NWR durch den Büchsenmacher unterbleiben, hier wäre nur die Führung einer Ersatzdokumentation erforderlich, aus der im Falle einer Kontrolle hervorgeht, wem diese Waffe, die sich in der Werkstatt befindet, zuzuordnen ist und aus welchem Grund sie sich dort befindet. Gleiches gilt für den Waffenbesitzer, der bei behördlicher Kontrolle der Aufbewahrung zuhause stets einen schriftlichen Beleg benötigt, wo sich die Waffe befindet, die im Zuge der Kontrolle nicht im Waffenschrank vorgefunden wird.

Das NWR generiert Ordnungsnummern, die als „NWR-ID“ bezeichnet werden. Ordnungsnummern werden für die unterschiedlichen Daten im Zusammenhang mit dem Besitz von Schusswaffen vergeben, nämlich für

- Grunddaten der Person eine Personen-ID („P...“),
- Grunddaten der Erlaubnis (WBK) eine Erlaubnis-ID („E...“),
- Grunddaten der Waffe eine Waffen-ID („W...“) und
- Grunddaten des wesentlichen Teils eine Waffenteil-ID („T...“).

Bei Erwerb einer Waffe von einem Händler ist die NWR-ID des Erwerbers und seiner Erlaubnis (WBK) erforderlich, damit der Händler den Erwerb an das Nationale Waffenregister übermitteln kann. Anders der Erwerb mit einem Jagdschein, hier kann auf die NWR-ID verzichtet werden, wenn der Jäger noch nicht im Besitz einer WBK ist. Beim Erwerb auf Jagdschein wird bei Anzeige des Erwerbs bei der Behörde der Waffe eine WBK ausgestellt, womit auch der Jungjäger eine NWR-ID zugeteilt bekommt, oder die Eintragung in eine bestehende WBK vorgenommen.

3.3. Waffenbesitzkarte (WBK, § 10 Abs. 1)

3.3.1. Überblick

Die Berechtigung zum Besitz von Schusswaffen und Munition wird durch die **Waffenbesitzkarte** („grüne WBK") dokumentiert. Dieses **waffenrechtliche Dokument** muss zur Berichtigung binnen zwei Wochen der zuständigen Behörde vorgelegt werden, wenn Waffen erworben oder überlassen wurden. In der Regel dient die WBK auch als **Erwerbsberechtigung**, indem die zuständige Behörde einen **Voreintrag** in der Karte vermerkt.

Der **Voreintrag** ist ein Jahr gültig und berechtigt zum Erwerb einer Waffe einer bestimmten Art und eines bestimmten Kalibers. Der Voreintrag verfällt nach einem Jahr. Der Erwerb einer Waffe ist binnen zwei Wochen in der WBK behördlich dokumentieren zu lassen. **Der Voreintrag besteht somit aus den Angaben „Art der Waffe", „Kaliber" und dem Datum, bis zu dem der Erwerb erlaubt ist**. Er erlangt **Gültigkeit** durch Siegelung in Spalte 4 der WBK.

Besteht die Erwerbsberechtigung auch ohne Voreintrag (wie im Falle des Erwerbs von Langwaffen durch den Inhaber eines gültigen Jahresjagdscheins), dient die WBK nur zum Eintrag des Erwerbs und berechtigten Besitzes. Auch hier gilt die Eintragungspflicht binnen zwei Wochen.

Der **Verlust** der Waffenbesitzkarte (Diebstahl, Feuer etc.) ist umgehend der zuständigen Behörde anzuzeigen. Gleiches gilt bei **Verlust der Waffe**!

Die Erlaubnis zum **Munitionserwerb** für die betreffende Schusswaffe ist gesondert zu beantragen. Das Bedürfnis ist durch eine vorhandene Erlaubnis zum Erwerb und Besitz von Schusswaffen des beantragten Kalibers bei Sportschützen, gefährdeten Personen, Bewachungsunternehmen und Jägern sowie Sachverständigen als gegeben anzusehen, ebenso das Vorliegen der erforderlichen Voraussetzungen. Die **Erlaubnis zum Munitionserwerb** wird durch **Siegelung** des Feldes in Spalte 7 erteilt, ist aber **erst <u>nach Eintragung</u> der Waffe** (Hersteller, Typ, Seriennummer) **gültig**.[92] Die Erlaubnis umfasst <u>alle</u> Kaliber, die aus der betreffenden Waffe verschossen werden können, im Falle eines Revolvers im Kaliber .357 Mag. somit auch Patronen des Kalibers .38 Special. Ist eine Waffe **ausgetragen**, verfällt die Erlaubnis zum Munitionserwerb und -besitz, ohne dass es einer Entwertung des Siegels oder einer gesonderten Eintragung bedarf.

---

[92] *§ 10 Abs. 3 Satz 1 WaffG*

3.3.2. Voraussetzungen für die Antragstellung

Der **Jäger**[93] ist vom Nachweis des Bedürfnisses durch Vorlage des gültigen Jahresjagdscheines befreit.[94] Jahresjagdscheine gelten für ein, zwei oder drei Jahre. Der Jahresjagdschein beinhaltet zwar nicht das Recht zur Jagdausübung (Jagderlaubnis oder Jagdausübungsrecht), begründet in waffenrechtlicher Hinsicht allerdings das Bedürfnis zum Erwerb und Besitz von Schusswaffen und Munition.

Der Jagdschein wird nur erteilt, wenn keine Versagungsgründe nach § 17 Bundesjagdgesetz (BJagdG) vorliegen. Inhaltlich ähneln die dort genannten Gründe den Vorschriften in den §§ 5, 6 WaffG.

§ 13 Abs. 3 WaffG erleichtert den Erwerb von Jagdwaffen und Jagdmunition. **Jagdwaffen** und **Jagdmunition** sind solche Schusswaffen und Munition, die nicht nach § 19 Abs. 1 BJagdG oder anderer landesrechtlicher Regelungen der Jagd verboten sind. Durch diese negative Formulierung beschränkt der Gesetzgeber den Erwerb nicht auf die zur Jagd geeigneten Waffen, sondern verbietet den Erwerb und Besitz solcher Waffen, die nach § 19 Abs. 1 BJagdG verboten sind – er schafft eine Art „Verbotsliste".

Langwaffen, die nicht nach § 19 Abs. 1 BJagdG verboten sind, können ohne vorheriges Einholen einer Erwerbserlaubnis lediglich durch Vorlage des **gültigen Jahresjagdscheins** erworben werden; hier tritt der gültige Jahresjagdschein an die Stelle einer WBK, die sowohl den Erwerb und dauerhaften Besitz[95] (mit Voreintrag) als auch den Erwerb und vorübergehenden Besitz[96] (im Sinne der Leihe) erlauben würde.

Die Regelungen für Langwaffen gelten im Falle des Jägers grundsätzlich auch für **Schalldämpfer,** die an für die Jagd zugelassenen Langwaffen für Munition mit Zentralfeuerzündung im Rahmen der Jagd und des jagdlichen Übungsschießens genutzt werden.

Der Erwerb nach § 13 Abs. 3 WaffG ist binnen zwei Wochen der Behörde anzuzeigen und der Besitz durch Eintrag in der WBK dokumentieren zu lassen. Eine Kontingentierung für Langwaffen oder ein Erwerbsstreckungsgebot, wie es im sportlichen Bereich zu beachten ist, gilt für Jäger nicht.

---

[93] *Zum Begriff siehe Kapitel 3.4.1*

[94] *§ 13 Abs. 2 S. 2 WaffG*

[95] *§ 13 Abs. 3 WaffG*

[96] *§ 13 Abs. 4 WaffG*

Die Jagdgesetze des Bundes und der Länder enthalten besondere Regelungen zu Schusswaffen und Munition, etwa zur Nutzung bestimmter Waffenarten oder von bleifreien Geschossen. So ist etwa das Schießen auf Wild mit einer **halbautomatischen Langwaffe, die mit mehr als drei Patronen** geladen ist, ein Verstoß gegen das BJagdG. Somit darf der Jäger im letzten Moment vor der Schussabgabe nur eine solche halbautomatische Langwaffe in Anschlag gebracht haben, die mit höchstens drei Patronen geladen ist (eine Patrone im Patronenlager, zwei im Magazin; alternativ Patronenlager frei, Magazin mit drei Patronen gefüllt). Der sonstige Umgang mit einer solchen halbautomatischen Langwaffe ist dem Jäger unabhängig von der Magazinkapazität erlaubt.[97] Somit ist der Erwerb und Besitz von halbautomatischen Waffen, die mehr als zwei Schuss Magazinkapazität aufweisen, dem Jäger nicht verboten. Auch das Schießen auf einer Schießstätte mit einer halbautomatischen Waffe, die mit mehr als drei Patronen geladen ist, stellt keinen Verstoß gegen das WaffG dar, ebenso wenig das Ein- oder Anschießen im Revier mit einer derartig geladenen Schusswaffe.[98]

Der **Erwerb** von **Kurzwaffen** ist **nur nach Voreintrag** einer entsprechenden Erwerbserlaubnis in der WBK durch die Waffenbehörde möglich. Grund ist die **Kontingentierung von Kurzwaffen** für Jäger – das grundsätzlich vorausgesetzte **Bedürfnis** nach § 13 Abs. 2 WaffG gilt zwar für eine unbegrenzte Zahl von Langwaffen, aber **höchstens für zwei Kurzwaffen**.

Bei der Zahl von zwei Kurzwaffen handelt es sich somit um eine Art „Standardausstattung". Eine Überschreitung dieses Kontingents setzt voraus, dass der Jäger der Waffenbehörde glaubhaft macht, dass der Erwerb der

---

[97] *Die vor Änderung des Bundesjagdgesetzes am 10. November 2016 intensive Diskussion zur Auslegung der Verbotsnorm in § 19 BJagdG fand ihren Höhepunkt in dem Urteil 6 C 59.14 des BVerwG vom März 2016, das nicht nur das Einführen eines Magazins mit mehr als zwei Schuss Kapazität in eine halbautomatische Langwaffe als Verstoß gegen das WaffG ansah (was ebenfalls nicht unumstritten war), sondern schon die bloße Möglichkeit dazu bei Waffen mit Wechselmagazin als Verbotsmerkmal auslegte, wodurch über Monate Jägern das Führen von solchen Waffen in ihrem Bestand zur Jagd unmöglich war, ebenso der Erwerb dieser Waffen.*

[98] *Zu beachten ist dabei aber, dass im Falle einer Kontrolle des Waidmanns im Revier eine Waffe, die mit mehr als drei Patronen geladen ist, leicht zu einem Ermittlungsverfahren führen kann, wenn unterstellt wird, dass aus dieser Waffe in eben diesem Ladezustand ein Schuss auf Wild abgegeben worden ist.*

beantragten zusätzlichen Kurzwaffe für den vorgetragenen Zweck geeignet und erforderlich ist – so ist für die Fallenjagd als Begründung für die Überschreitung des Kontingents die Erteilung einer Erwerbserlaubnis für eine großkalibrige Kurzwaffe mangels Erforderlichkeit regelmäßig abzulehnen.[99] Es ist auch zu prüfen, ob nicht der Waidmann eine der vorhandenen Kurzwaffen veräußern kann, um eine Überschreitung des Kontingents zu vermeiden. Insofern bedarf es einer überzeugenden Begründung, warum drei oder mehr Kurzwaffen zur Jagdausübung erforderlich sind. In Betracht käme eine Argumentation, nach der zum Zwecke des Übungsschießens oder zur Teilnahme an jagdlichen Schießwettkämpfen mit einer weiteren Waffe geübt werden solle und die beantragte Waffe dafür erforderlich sei. Eine diesbezügliche Auslegung des WaffG wird seitens der Erlaubnisbehörden in der Regel aber eher restriktiv gehandhabt. Eine **Stellungnahme** des zuständigen **Jagdverbandes** zur Bestätigung des weitergehenden Bedürfnisses ist sachdienlich, aber **nicht erforderlich**.

Der **Erwerb und Besitz von Munition, die für Langwaffen geeignet ist**, ist Jägern mit gültigem Tages- oder Jahresjagdschein nach § 13 Abs. 5 WaffG ohne zusätzliche Erlaubnis durch einen Eintrag in der WBK gestattet. Es bedarf somit nicht einer eigenen eingetragenen Langwaffe, aus der die betreffende Munition verschossen werden kann. Für **Kurzwaffenmunition** gilt, da das Gesetz keine spezielle Regelung für Jäger vorsieht, dass sie nur nach Erteilung der entsprechenden Erwerbserlaubnis in der WBK oder eines Munitionserwerbsscheins erworben und besessen werden darf.

Nach § 38 WaffG und § 15 Abs. 1 BJagdG hat der Jäger neben seinem Personalausweis oder Pass seinen Jagdschein und die WBK mitzuführen, wenn er zum Zwecke der Jagd seine Waffe führt. Im Falle des Führens oder Transports **einer geliehenen Waffe** ist ein Leihe-Nachweis[100] mitzuführen.

Personen in der **Ausbildung zum Jäger** können unter bestimmten Voraussetzungen eine WBK beantragen, die ihnen allerdings lediglich den Erwerb und Besitz einer Einzellader-Flinte erlaubt.[101] Auch der lediglich leihweise Erwerb und vorübergehende Besitz anderer Waffen wie Büchsen, Halbautomaten oder Kurzwaffen gemäß § 12 Abs. 1 WaffG ist damit allerdings nicht möglich.

---

[99] OVG Lüneburg 13 L 1856/95, Urteil vom 19. Februar 1997

[100] Vordruck zum Download unter http://www.sv-busche.de

[101] Vertiefende Informationen in Kapitel 3.6.1.1

3.3.3. Regelung für Jagdliche Vereinigungen

Beachten Sie, dass eine jagdliche Vereinigung kein Jäger im Sinne des WaffG ist, somit also auch nicht Privilegien wie das zugriffsbereite Führen im Zusammenhang mit der Jagd oder den Erwerb von Langwaffen ohne Voreintrag in einer WBK beanspruchen kann.

Seit Änderung des Waffengesetzes in 2003 besteht die Möglichkeit, **Schießsportvereinen**, die Mitglied eines anerkannten Schießsportverbandes sind, eine WBK auszustellen. Die Änderung des Waffengesetzes in 2008 erweiterte diese Vorschrift auch auf **jagdliche Vereinigungen**. Hiermit wurde die Eigenschaft der WBK, höchstpersönliche Erlaubnis für eine natürliche Person zu sein, erweitert, da es sich beim Verein um eine juristische Person handelt. Gleichwohl ist ein waffenrechtlich Verantwortlicher zu benennen. Diese Person muss die Voraussetzungen des § 4 WaffG bezüglich des Mindestalters, der Zuverlässigkeit und der persönlichen Eignung sowie der Sachkunde erfüllen.

Zwar sind die Vorschriften zum Mindestalter und der MPU auch auf den Antragsteller nach § 10 Abs. 2 WaffG anzuwenden und der Antragsteller ist entsprechend fachkundig zu untersuchen, wenn er jünger als 25 ist. Allerdings spricht die verantwortungsvolle Funktion des Erlaubnisinhabers, insbesondere die Kontroll- und Vorbildfunktion für andere Schützen, für ein „reiferes Semester". Zudem sollte der waffenrechtlich Verantwortliche persönlich damit betraut sein, den Umgang mit den Vereinswaffen unmittelbar zu überwachen – gegenüber der Waffenbehörde ist er „Ansprechpartner", etwa im Falle von unsachgemäßem Umgang oder einer mangelhaften Aufbewahrung.

Das **Bedürfnis des Vereines** ergibt sich aus dem Vereinszweck und muss nicht durch einen Verband bestätigt werden. Hier obliegt es nach § 8 dem Sachbearbeiter, die **Erforderlichkeit des Erwerbs und Besitzes** und die **Eignung** der Waffen zu **prüfen** – zu beachten sind hier die Zahl der Mitglieder ohne eigene waffenrechtliche Erlaubnis oder Anhaltspunkte, dass eine Waffe des beantragten Kalibers für den Ausbildungsbetrieb notwendig ist.

3.4. Jagdschein

3.4.1. Begriffsbestimmungen

Jäger im Sinne des Waffengesetzes ist, wer Inhaber eines gültigen Jagdscheines im Sinne von § 15 Abs. 1 Satz 1 BJagdG ist,[102] also eines Tagesjagdscheins oder Jahresjagdscheins.

Der **Jagdschein** ist eine **jagdrechtliche Erlaubnis** und gilt im gesamten Bundesgebiet. Vor erstmaliger Erteilung muss die Prüfung zur Erlangung des ersten Jagdscheines erfolgreich abgelegt werden. Der Jagdschein wird für ein, zwei oder drei Jahre (**Jahresjagdschein**) oder als **Tagesjagdschein** für einen 14tägigen ununterbrochenen Zeitraum ausgestellt. Der Jahresjagdschein wird nicht für Kalenderjahre, sondern für Jagdjahre ausgestellt.[103] Tagesjagdscheine können auf Landesebene reglementiert werden, so dass die mehrfache Erteilung innerhalb eines Jahres begrenzt sein kann.

Die Prüfungsurkunde, regional auch **Jägerbrief** genannt, die die erfolgreich abgelegte Jägerprüfung bestätigt, reicht nicht aus, um eine Person als Jäger im Sinne des WaffG anzusehen. Gleiches gilt für Inhaber eines **Jugendjagdscheins** nach § 16 BJagdG oder **Falknerjagdscheins**[104], auch diese Personen unterfallen nicht dem waffenrechtlichen Begriff des Jägers, womit die besonderen Regelungen für Jäger in § 13 WaffG, insbesondere zum erleichterten Erwerb von Langwaffen und Langwaffen-Munition, nicht auf diese Personen anzuwenden sind. Auf Inhaber eines **Jugendjagdscheins** sind

---

[102] *§ 13 Abs. 1 Satz 1 WaffG; Inhaber eines **Jugendjagdscheins** oder **Falknerjagdscheins** sind Jäger nach BJagdG, nicht aber Jäger nach WaffG*

[103] *Das Jagdjahr beginnt am 1. April, es endet am 31. März des Folgejahres*

[104] *Jagdrechtliche Erlaubnis zur Ausübung der „Beizjagd" mit Greifvögeln oder Falken, die ein Jagdschein nach § 15 Abs. 1 Satz 3 BJagdG ist, aber waffenrechtlich nicht einem Jahres- oder Tagesjagdschein gleichgestellt; somit ist der Falknerjagdschein lediglich dann waffenrechtlich in Anwendung zu bringen, wenn die waffengesetzliche Vorschrift allgemein von einer jagdrechtlichen Erlaubnis als Voraussetzung spricht (etwa § 40 Abs. 3 Satz 1 WaffG für den Umgang mit Faustmessern), nicht aber einen gültigen Jagdschein nach § 15 Abs. 1 Satz 1 BJagdG fordert.*

abweichend die Regeln in § 13 Abs. 7 WaffG anzuwenden, da auch sie nicht dem waffenrechtlichen Begriff des Jägers unterfallen.[105]

Zu beachten ist, dass aufgrund des jeweiligen Gültigkeitszeitraums auch **volljährige Personen** für einen bestimmten Zeitraum noch Inhaber eines **Jugendjagdscheins** sein können, die Volljährigkeit aber nicht automatisch aus dem Jugendjagdschein einen vollwertigen Tages- oder Jahresjagdschein macht. Die Erlaubnis ist gesondert durch die Jagdbehörde zu erteilen.

Jagdwaffe im Sinne von § 13 Abs. 1 Nr. 2 WaffG ist jegliche Waffe, deren Verwendung bei der Jagd nicht nach § 19 BJagdG verboten ist. Eine Geeignetheit zur Jagd ist dagegen für den Status der Jagdwaffe nicht erforderlich, da es sich bei der in § 13 Abs. 1 Nr. 2 WaffG verwendeten Definition um eine negative Abgrenzung handelt, die bestimmte Waffen vom Begriff der Jagdwaffe ausschließt, ohne aber durch positive Benennung den Begriff der Jagdwaffe eingrenzend zu formulieren. Somit zählen auch SRS-Waffen zu Jagdwaffen im Sinne des WaffG, siehe dazu auch Kapitel 3.4.6.

3.4.2. Jagdscheinarten

Der **Jagdschein** (somit **Tages- oder Jahresjagdschein**, nicht aber der **Jugendjagdschein**)

- erlaubt den Erwerb und vorübergehenden Besitz nach § 12 Abs. 1 Nr. 1 Buchst. a WaffG (im Sinne der **Leihe oder Verwahrung**) in Verbindung mit § 13 Abs. 4 WaffG von **Langwaffen** im Sinne von § 13 Abs. 1 Nr. 2 WaffG („langen Jagdwaffen") und **Schalldämpfern**, die für Langwaffen mit Zentralfeuerkaliber bestimmt sind, für den Gültigkeitszeitraum des Jagdscheins, aber nicht länger als einen Monat,[106]
- erlaubt den Erwerb und Besitz von **Munition,** die geeignet ist für **Langwaffen**, sofern sie nach dem Bundesjagdgesetz nicht verboten ist, unabhängig davon, ob der Betroffene eine Waffe dieses Kalibers besitzt,
- erlaubt das **Führen von und Schießen mit Jagdwaffen** nach § 13 Abs. 6 WaffG und

---

[105] *Informationen zum Jugendjagdschein in Kapitel 3.4.7*

[106] *Zu beachten ist die nach § 12 Abs. 1 Nr. 1 WaffG zusätzliche Möglichkeit der Leihe (und Verwahrung) durch den Inhaber einer WBK, die neben Leihe und Verwahrung von Langwaffen auch Leihe und Verwahrung von Kurzwaffen umfasst.*

- ist **Nachweis für das Bedürfnis** im Sinne von § 4 Abs. 1 Nr. 4 und § 8 WaffG, wenn glaubhaft gemacht wird, dass Schusswaffen und Munition zur Jagdausübung oder zum Training im jagdlichen Schießen einschließlich jagdlicher Schießwettkämpfe benötigt werden.

Der **Jahresjagdschein** erlaubt darüber hinaus

- den **Erwerb von Langwaffen**[107] im Sinne von § 13 Abs. 1 Nr. 2 WaffG („langen Jagdwaffen“) und **Schalldämpfern**, die für Langwaffen mit Zentralfeuerkaliber bestimmt sind; der Erwerb ist der Waffenbehörde anzuzeigen und der befugte dauerhafte **Besitz durch Eintragung in eine WBK** zu dokumentieren[108] und
- lässt den gesonderten Nachweis eines **Bedürfnisses** im Sinne von § 4 Abs. 1 Nr. 4 WaffG entfallen[109] für den Erwerb
    - von Langwaffen im Sinne von § 13 Abs. 1 Nr. 2 WaffG
    - Schalldämpfer für Langwaffen mit Zentralfeuerkaliber
    - der ersten oder zweiten Kurzwaffe für die Jagd.

Der **Ausländerjagdschein**[110] wird in der Regel **als Ausländer-Tagesjagdschein** ausgestellt; die Erteilung eines Ausländer-Jahresjagdscheins ist ebenfalls möglich. Voraussetzung ist, dass der Antragsteller in seinem Heimatland einen Jagdschein besitzt und dort eine Jägerprüfung abgelegt hat, die mit den Anforderungen der deutschen Jägerprüfung vergleichbar ist. Die vom Bundesjagdgesetz geforderte, bestehende **Haftpflichtversicherung** ist Voraussetzung für die Erteilung des Ausländerjagdscheins. Der Ausländerjagdschein ist ein **Unterfall des Tages- oder Jahresjagdscheins**[111] und damit diesen **vollumfänglich gleichgestellt**.

---

[107] *Zu beachten ist, dass nur eine WBK den Erwerb von Austausch- und Wechselläufen sowie -systeme gemäß Anlage 2 A2 UA2 Nr. 2 WaffG für eine bereits eingetragene Waffe erlaubnisfrei ermöglicht, während ein gültiger Jahresjagdschein nur den Erwerb vollständiger Jagd-Langwaffen erlaubnisfrei stellt.*

[108] *§ 13 Abs. 3 Satz 2 WaffG iVm §§ 37a, 37g Abs. 1 WaffG*

[109] *§ 13 Abs. 2 Satz 2 WaffG*

[110] *Es handelt sich bei einem Ausländerjagdschein um ein Dokument, das von einer deutschen Behörde ausgestellt worden ist. Der Begriff umfasst nicht durch ausländische Behörden ausgestellte Jagdscheine.*

[111] *WaffVwV zu § 13, Nr. 13.1, Abs. 4*

Die von den vorgenannten Erwerbsregelungen abweichenden Vorschriften zum vorübergehenden berechtigten Umgang mit Waffen oder Munition für Inhaber eines **Jugendjagdscheins** erläutert Kapitel 3.4.7 dieses Buches.

Für den **Erwerb und dauerhaften Besitz von Kurzwaffen** oder sonstigen[112] **Schalldämpfern** sowie von für Schusswaffen bestimmten **Nachtsichtvorsatz- und -aufsatzgeräten** ist ein Voreintrag in einer WBK erforderlich, die Vorlage eines Jahresjagdscheins ist hier nicht ausreichend. Ebenfalls ist zu beachten, dass die WBK erforderlich ist, um die Freistellung von der Erlaubnispflicht für Erwerb und vorübergehenden Besitz nach § 12 Abs. 1 Nr. 1 WaffG (**Leihe und Verwahrung**) in Anspruch nehmen zu können, da § 13 Abs. 5 WaffG hier nicht anwendbar ist und somit ein Tages- oder Jahresjagdschein nicht ausreicht.

Für den Erwerb und Besitz von **Kurzwaffenmunition** ist ein Jagdschein nicht ausreichend. In diesem Fall muss das Feld der WBK in der Zeile der betreffenden Kurzwaffe gesiegelt sein oder ein Munitionserwerbschein vorliegen.

3.4.3. Befreiungen von Verboten

Inhaber einer jagdrechtlichen Erlaubnis, mithin neben dem Jahres- oder Tagesjagdschein auch **Falknerjagdschein** und **Jugendjagdschein**, sind gemäß § 40 Abs. 3 **Satz 1** WaffG vom Verbot des Umgangs mit **Faustmessern** befreit. Die Vorschriften für die **Aufbewahrung** verbotener Waffen gelten aber auch in diesen Fällen vollumfänglich.[113]

Anders die Befreiung vom Verbot des Umgangs mit **Nachtsichtvorsatz**- und **-aufsatzgeräten** in § 40 Abs. 3 **Satz 4**, die sich wiederum nur auf Inhaber eines gültigen Jagdscheines im Sinne von § 15 Abs. 1[114] Satz 1 BJagdG

---

[112] *Nicht für Langwaffen mit Zentralfeuerkaliber bestimmt, sondern beispielsweise für Kurzwaffen oder Randfeuer-Langwaffen*

[113] *Die Aufbewahrung verbotener Waffen behandelt vertiefend das Buch „Handbuch zum Waffengesetz 2021/22", ISBN 9783940723994.*

[114] *Es ist aufgrund der sonst im WaffG üblichen Verweise und das Fehlen eines Satzes 2 in § 15 Abs. 2 BJagdG davon auszugehen, dass es sich bei dem im Bundesgesetzblatt veröffentlichten Text des 3. WaffRÄndG in § 40 Abs. 3 Satz 4 „§ 15 Abs. 2 Satz 1 des Bundesjagdgesetzes" um einen Schreibfehler handelt und es dort heißen müsste „§ 15 Abs. 1 Satz 1 des Bundesjagdgesetzes" oder „§ 15 Abs. 2 des Bundesjagdgesetzes". Beide*

bezieht, womit der Jugendjagdscheininhaber von der Freistellung nicht erfasst wird, wohl aber der Inhaber von gültigem Jahresjagdschein oder Tagesjagdschein.

3.4.4. Gültigkeit

Mit Ablauf des Zeitraums, für den der Jahres- oder Tagesjagdschein erteilt wurde, **verliert der Jagdschein seine Gültigkeit**. Somit handelt es sich ab diesem Moment bei einer Person, die zuvor Jäger im Sinne des Waffengesetzes gewesen ist, **nicht mehr um einen Jäger im Sinne des WaffG**, womit die diesbezüglichen Regelungen in § 13 WaffG nicht mehr anwendbar sind, insbesondere die Erlaubnis zum Erwerb und Besitz von Munition für Langwaffen. Gleichwohl können Waffen oder Munition, die zu diesem Zeitpunkt im Besitz einer betroffenen Person sind, durch eine waffenrechtliche Erlaubnis weiterhin befugt besessen werden, etwa durch eine WBK mit gesondertem Eintrag oder einen Munitionserwerbsschein. Zu beachten ist dabei, dass auch bei Erteilung dieser Erlaubnisse in der Regel ein gültiger Jahresjagdschein Voraussetzung dafür war, dass die waffenrechtliche Erlaubnis erteilt wurde.

Ohne gültigen Jahresjagdschein entfällt das Bedürfnis und damit die Voraussetzung **für den befugten dauerhaften Besitz** von Schusswaffen. Die besondere Möglichkeit für Inhaber eines gültigen Jahresjagdscheins, nach § 13 Abs. 2 Satz 2 WaffG ohne Nachweis eines **Bedürfnisses** Langwaffen und bis zu zwei Kurzwaffen zu erwerben und auch zu besitzen, fällt weg, womit es sich um einen Fall des § 45 Abs. 2 Satz 1 WaffG handelt, somit die erteilte waffenrechtliche Erlaubnis zu widerrufen wäre, die in der Regel in Form einer WBK vorliegt. Die zuständige Behörde kann aber in bestimmten Fällen von einem Widerruf der WBK und von einer Anordnung der Abgabe der Waffen oder Munition absehen (siehe Kapitel 3.6.4).

Um bei **Nicht-Lösen des Jagdscheins** nicht **unbefugt Munition** zu besitzen, wird das Siegeln des Feldes zum Munitionserwerb und –besitz in der WBK empfohlen. Durch diese in der WaffVwV gegebene Empfehlung wird deutlich, dass der Gesetzgeber bei einem vorübergehenden Wegfall des Bedürfnisses einen Widerruf waffenrechtlicher Erlaubnisse wie WBK oder MES nicht als die Regel ansieht.

Der **befugten Jagdausübung gleichgestellt** ist der Abschuss von Tieren, die dem Naturschutzrecht unterliegen, wenn durch eine behördliche oder

---

Möglichkeiten führen aber zum gleichen Ergebnis, wonach ein Tages- oder Jahresjagdschein erforderlich ist.

gesetzliche Ausnahme oder Befreiung die Tötung der Kreatur durch einen Jagdscheininhaber vorgesehen ist.

3.4.5. Führen von Waffen und Schießen

Die Ausübung der **Jagd** erstreckt sich jagdrechtlich gemäß § 1 Abs. 4 BJagdG auf das Aufsuchen, Nachstellen, Erlegen und Fangen von Wild.[115] Zusätzlich, was aber **nicht zur eigentlichen Jagdausübung** zählt, dürfen Jäger gemäß § 13 Abs. 6 WaffG auch zum **Ein- und Anschießen** im Revier, zur **Ausbildung von Jagdhunden** im Revier sowie zum **Jagd- oder Forstschutz** Jagdwaffen führen und mit ihnen schießen. Eine Tätigkeit, die mit der Formulierung „im Zusammenhang mit diesen Tätigkeiten" in § 13 Abs. 6 WaffG beschrieben wird, wäre beispielsweise die Fahrt oder der Gang ins Revier und zurück – hier darf die Waffe allerdings nicht schussbereit, also nicht geladen sein.

Die **Waffe** darf **nur geladen** sein, wenn der **bestimmungsgemäße Gebrauch** nach § 13 Abs. 6 WaffG **begonnen hat und noch andauert**. Ist dieser bestimmungsgemäße Gebrauch **beendet**, ist die **Waffe sofort zu entladen**. Das Führen einer **geladenen Schusswaffe** im Zusammenhang mit der Jagdausübung auf dem Weg in das oder aus dem Revier, also **außerhalb des Reviers**, ist eine **Straftat** nach § 52 Abs. 3 Nr. 2 Buchst. a WaffG, da in diesem Falle nur das Führen einer ungeladenen Waffe von der Waffenscheinpflicht befreit ist. Gleiches gilt für das **Besteigen eines KFZ im Revier** mit geladener Waffe, da ab diesem Moment keine Jagdausübung mehr erfolgt. [116] So ist auch das **Mitführen einer geladenen Jagdwaffe** in einem **Kraftfahrzeug** im Revier auf der Fahrt zu einem Wildfütterungsplatz **nicht von der Ausnahmeregelung** des § 13 Abs. 6 WaffG **erfasst**.

Vorschriften zur Unfallverhütung[117] untersagen das Besteigen von Fahrzeugen mit geladenen Waffen ausdrücklich, womit diese Handlungen keine Jagdausübung im Sinne des WaffG sind. Ein solches Verhalten ist ein **nicht sachgemäßer Umgang mit Schusswaffen**, was die Annahme der **Unzuverlässigkeit** nach § 5 Abs. 1 Nr. 2 Buchst. b WaffG rechtfertigt und in der Regel zum Entzug der jagd- und waffenrechtlichen Erlaubnisse führt. Das Laden einer Schusswaffe außerhalb des Reviers, etwa in der eigenen

---

[115] *OLG Stuttgart 4 Ss 185/2007 Urteil vom 24. Juli 2007*

[116] *Bayerischer VGH 21 CS 15.2718, Beschluss vom 04. März 2016, zuvor Bayerischer VGH 21 ZB 15.83, Beschluss vom 17. April 2015*

[117] *§ 3 Abs. 1 Satz 1 iVm. Abs. 3 Satz 1 UVV Jagd (VSG 4.4)*

Wohnung oder auf dem eigenen befriedeten Besitztum, wäre ebenfalls pflichtwidrig und würde zur Vermutung der Unzuverlässigkeit führen.[118]

Das **Führen** einer **zugriffsbereiten und schussbereiten Jagdwaffe** durch Jäger ist **ohne Waffenschein** erlaubt, wenn die Waffe

- zur befugten Jagdausübung,
- zum Ein- und Anschießen im Revier,
- zur Ausbildung von Jagdhunden im Revier oder
- zum Jagd- oder Forstschutz

geführt wird.

Wird die Waffe **nur im Zusammenhang** mit den vorgenannten Tätigkeiten geführt, darf sie zwar **zugriffsbereit, aber nicht schussbereit** sein. Aus dieser besonderen Regelung des § 13 Abs. 6 Satz 1 2. Halbsatz WaffG ergibt sich im Umkehrschluss, dass die Waffe in den Fällen des 1. Halbsatzes schussbereit, also geladen sein darf. Vorschriften der UVV Jagd (VSG 4.4) sind in diesem Falle zu beachten. Verbote nach der berufsgenossenschaftlichen Vorschrift haben dabei Vorrang vor bestehenden jagd- oder waffengesetzlichen Regelungen.

Das **Schießen**[119] mit einer Jagdwaffe

- zur befugten Jagdausübung,
- zum Ein- und Anschießen im Revier,
- zur Ausbildung von Jagdhunden im Revier sowie
- zum Jagd- oder Forstschutz

bedarf keiner Schießerlaubnis.

Insbesondere für das **Schießen** sind **Verbote** nach § 19 BJagdG sind zu beachten. Gleiches gilt für landesrechtliche Vorschriften zur Ausübung der Jagd, die unter Umständen über die bundesgesetzlichen Verbotsregelungen hinausgehen.

Einschießen ist das Überprüfen und Korrigieren der Treffpunktlage nach Veränderungen an der Waffe, während es sich bei einem **Anschießen** lediglich um zwei bis drei Kontrollschüsse handelt, die der Jäger quasi vor

---

[118] *OVG Lüneburg 8 ME 50/06, Beschluss vom 19. Mai 2006*

[119] *Umfasst auch das Schießen mit Kartuschenmunition („Platzpatronen"); beachten Sie Kapitel 3.4.6 zum Führen von SRS-Waffen durch Jäger*

Beginn der Jagd abgibt, um sich von der Zielgenauigkeit seiner Waffe, genauer von der korrekten Justierung der Visiereinrichtung, zu überzeugen.[120] Das Einschießen erfolgt in der Praxis nach einem Anschießen, bei dem festgestellt wurde, dass die Visiereinstellung verändert werden muss. Die Freistellung ist nicht auf Langwaffen beschränkt, Kurzwaffen dürfe im Revier an- und eingeschossen werden. Sonstige **Schießübungen** sind dagegen kein An- oder Einschießen im Sinne von § 13 Abs. 6 WaffG.

Jagdschutz umfasst nach § 23 BJagdG den Schutz des Wildes insbesondere vor Wilderern, Futternot und Wildseuchen sowie vor wildernden Hunden und Katzen. Außerdem sorgt die für den Jagdschutz zuständige Person für die Einhaltung der zum Schutz des Wildes und der Jagd erlassenen Vorschriften. Der Jagdschutz (§ 25 BJagdG) obliegt insbesondere dem örtlichen Jagdausübungsberechtigten und behördlich bestätigten Jagdaufsehern. Zu beachten sind besondere landesgesetzliche Regelungen zum Jagdschutz.

Forstschutz ist eine dem Jagdschutz verwandte Aufgabe, die aber einen anderen Schutzzweck erfüllt. Forstschutz dient insbesondere der Abwehr von drohenden Gefahren für den Wald, seine Funktionen und seine Einrichtungen. Eine weitere Aufgabe ist die Beseitigung von Störungen der öffentlichen Sicherheit und Ordnung im Wald.

3.4.6. Umgang mit SRS-Waffen

Die Freistellung von den Erlaubnispflichten für das **Führen**[121] **von und Schießen**[122] **mit SRS-Waffen** durch Jäger nach § 13 Abs. 6 WaffG ist durch die Eigenschaft der SRS-Waffe, Jagdwaffe im Sinne des WaffG zu sein, zu begründen.[123] Somit bedarf der Jäger in den Fällen des § 13 Abs. 6 WaffG

---

[120] *Zu den Begrifflichkeiten siehe auch BT-Drs. 14/7758, S. 109, Nr. 32*

[121] *Kleiner Waffenschein nach § 10 Abs. 4 WaffG*

[122] *Schießerlaubnis nach § 10 Abs. 5 WaffG*

[123] *WaffVwV 2012 zu § 13 WaffG, 13.6 Abs. 4; BT-Drs. 14/8886, S. 111 zur negativen Abgrenzung, wonach die Definition der Jagdwaffe nur nach § 19 BJagdG verbotene Waffen ausnimmt, damit aber andere Waffen positiv zur Jagdwaffe erklärt, selbst dann, wenn sie zur eigentlichen Schussabgabe auf das Wild nicht geeignet oder bestimmt sind; BT-Drs. 14/7758, S. 62, hier insbesondere zur Verwendung der SRS-Waffe im Rahmen der von § 13 Abs. 6 WaffG erfassten Tätigkeit „Erprobung und Prüfung der*

weder eines Kleinen Waffenscheins noch einer Schießerlaubnis, wenn es sich um eine in dieser Norm genannte Verwendung, nämlich der Ausübung der Jagd einschließlich des Ein- und Anschießens im Revier, zur Ausbildung von Jagdhunden im Revier, zum Jagdschutz oder zum Forstschutz, handelt.[124] Im Zusammenhang mit diesen Tätigkeiten, beispielsweise bei Fahrt oder Gang ins Revier oder zurück, darf die SRS-Waffe außerhalb des Reviers lediglich zugriffsbereit geführt werden, nicht aber schussbereit, also nicht geladen. Gleiches gilt für die Benutzung von Fahrzeugen, da auch hier eine Gefährdung durch das Mitführen einer geladenen Waffe besteht, ohne dass dies durch die Erforderlichkeit zur unmittelbaren Schussabgabe begründet werden könnte.

Will ein Jäger außerhalb der in § 13 Abs. 6 WaffG benannten Tätigkeiten oder Örtlichkeiten eine SRS-Waffe führen, bedarf er eines **Kleinen Waffenscheins**. Gleiches gilt für das Schießen mit der SRS-Waffe im Rahmen der Ausbildung von Jagdhunden, wenn diese nicht im Revier erfolgt, dafür ist grundsätzlich eine **Schießerlaubnis** erforderlich. Zu beachten sind aber die **Ausnahmen** für das Führen der SRS-Waffe auf dem befriedeten Besitztum eines Dritten mit dessen Zustimmung nach § 12 Abs. 3 Nr. 1 WaffG und für das Schießen mit einer SRS-Waffe, mir der nur Kartuschenmunition abgeschossen werden kann, nach § 12 Abs. 4 Satz 2 Nr. 1 Buchst. b WaffG, die im Falle des Umgangs außerhalb des öffentlichen Raumes unter Beachtung der dort genannten Anforderungen den SRS-Waffenbesitzer von der Erlaubnispflicht freistellen.

3.4.7. Jugendjagdschein

Nach § 13 Abs. 7 WaffG dürfen Inhaber eines **Jugendjagdscheins** im Sinne von § 16 BJagdG ohne Erlaubnis bei der Ausübung der Jagd, zum Training oder zum jagdlichen Schießwettkampf Schusswaffen und für diese bestimmte Munition erwerben und besitzen sowie Schusswaffen führen und mit ihnen schießen, wobei nicht zwischen Lang- und Kurzwaffen unterschieden wird. Allerdings muss es sich nach Sinn und Zweck der Norm um Jagdwaffen im Sinne des WaffG handeln, da der Betroffene mit diesen

---

Schussfestigkeit von Jagdhunden", wobei die in diesem Zusammenhang eingesetzte Schusswaffe nicht der Jagdausübung dient.

[124] ***Abweichend** mit Verweis auf fehlende ausdrückliche Freistellung von der Erlaubnispflicht OVG Lüneburg 11 ME 373/07, Beschl. v. 12. November 2007; die Entscheidung erging vor Inkrafttreten der WaffVwV 2012.*

Waffen zum Zwecke der Jagd umgehen soll. Gleiches gilt für den Umgang mit Munition.

Inhaber eines Jugendjagdscheins sind durch die Regelung in § 13 Abs. 7 WaffG von der Regelung zum Mindestalter nach § 2 Abs. 1 WaffG ausgenommen. Eine WBK wird ihnen nicht erteilt. Nicht schussbereite Schusswaffen dürfen von Inhabern eines Jugendjagdscheins auch im Zusammenhang mit der Jagd, etwa auf der Fahrt in das Revier, erlaubnisfrei geführt werden.

Zu beachten ist das Erfordernis einer **jagdlich erfahrenen Begleitperson** nach § 16 Abs. 2 BJagdG, allerdings nur, da die Norm des BJagdG dies fordert, bei der tatsächlichen Jagdausübung. Der Umgang mit Jagdwaffen im Zusammenhang mit der Jagdausübung, etwa das Führen der Waffen auf dem Weg in das Revier und zurück, wie auch der Erwerb von einem Berechtigten, um mit dieser Waffe im Rahmen des Schießtrainings vorübergehend umzugehen, darf auch ohne diese Begleitperson stattfinden. So kann beispielsweise der Sohn, der Inhaber eines Jugendjagdscheins ist, sich eine Büchse von seinem Vater, der Jäger ist und der diese Waffe in seiner WBK eingetragen hat, sich im Wohnhaus der Familie von diesem aushändigen[125] lassen und die Waffe unbegleitet unter Beachtung sonstiger Vorschriften zum Schießstand oder ins Revier transportieren.

---

[125] Nicht zulässig wäre eine Zugriffsgestattung auf die Waffe, die sich im Waffenschrank des Vaters befindet. Zwar ist der Erwerb und vorübergehende Besitz der Büchse im Rahmen des § 13 Abs. 7 WaffG erlaubt, nicht aber eine Überlassung der Tresorschlüssel oder des Zahlencodes des Waffenschranks an den Sohn. Dies würde voraussetzen, dass es sich um eine gemeinschaftliche Aufbewahrung handelt, womit sowohl der Vater als auch der Sohn Inhaber einer Waffenbesitzkarte sein müssten.

3.5. Europäischer Feuerwaffenpass (EFP)

Für Reisen in und durch *Mitgliedsstaaten* im Sinne des WaffG, bei denen Waffen mitgenommen werden sollen, beispielsweise im Rahmen von Jagdreisen oder zur Teilnahme an Schießwettbewerben, wird auf Antrag nach § 32 WaffG ein „Europäischer Feuerwaffenpass" (EFP) ausgestellt, wenn der Antragsteller zum Besitz der Waffen berechtigt ist, etwa durch eine WBK.

Der EFP dient zur Legitimation des Umgangs mit den darin eingetragenen Waffen bei Mitnahme innerhalb der EU, stellt zugleich aber keine Mitnahmeerlaubnis dar. Der EFP ist keine waffenrechtliche Erlaubnis im Sinne von § 10 WaffG. Er soll kontrollierenden Kräften anderer Mitgliedsländer die Überprüfung erleichtern, ob die kontrollierte Person im Besitz einer Erlaubnis ihres Heimatlandes zum Umgang mit Waffen ist, was durch eine länderübergreifende Legitimation geprüft werden soll.

In einigen EU-Staaten ist trotzdem vor Einreise die Eintragung der Zustimmung zur Waffeneinfuhr einzuholen, die als Sichtvermerk im EFP einzutragen ist. Der **Europäische Feuerwaffenpass ersetzt** im Bundesgebiet **nicht** die Waffenbesitzkarte und **die Erwerbserlaubnis**, sondern **gestattet** lediglich die **Mitnahme einer Waffe**, also den Grenzübertritt aus Deutschland in einen anderen Mitgliedsstaat mit der Absicht, diese Waffe nach Ende der Reise wieder nach Deutschland zurückzubringen. Die Einordnung von Schusswaffen in Kategorien erfolgt nach Anlage 1 Abschnitt 3 des WaffG.

Die Mitnahme in einen **Drittstaat** bedarf keiner Erlaubnis aufgrund der Freistellung von der Erlaubnispflicht nach Anlage 2 A2 UA2 Nr. 8.1 WaffG. Hier sind unter Umständen aber Erlaubnis- und Informationspflichten nach Außenwirtschaftsrecht zu beachten.

Im Geltungsbereich des WaffG ersetzt der EFP nicht die WBK. Dies ist insbesondere zu beachten im Falle des erlaubnisfreien Führens in Form eines Transports durch einen EU-Ausländer, der eine Waffe im Geltungsbereich des WaffG erworben hat und diese in eigener Obhut verbringen will; hier ist regelmäßig die Beantragung einer WBK gemäß § 11 WaffG erforderlich.

Bei einer Reise zu Jagd- oder Sportzwecken bedeutet der EFP für den Inhaber einer waffenrechtlichen Erlaubnis eine deutliche Erleichterung. Anders als eine Mitnahmeerlaubnis, die für die Ausreise mit der betreffenden Waffe mit dem Ziel der späteren Wiedereinreise zu beantragen und zu erteilen ist, ermöglicht es der EFP **Jägern** sowie Sport- und Brauchtumsschützen, während seiner Gültigkeit von fünf Jahren bestimmte Arten von Waffen in begrenzter Zahl sowie die für den angegebenen Zweck benötigte Munition innerhalb der EU ohne Mitnahmeerlaubnis mitnehmen, sofern sie den Grund der Mitnahme im Sinne des Zwecks der Reise nachweisen können. Dabei sind die gesetzlich festgelegten Arten von Schusswaffen sowie die Höchstzahl, die mitgenommen werden darf, zu beachten, ebenso der jeweilige Zweck – Jägern ist die Mitnahme zum Zweck der Jagd gestattet, Sportschützen zum Zweck des Schießsports und Brauchtumsschützen zur Teilnahme an Brauchtumsveranstaltungen. Es empfiehlt sich, einen geeigneten Nachweis rechtzeitig vor Beginn der Reise von dem jeweiligen Gastgeber anzufordern.

Zu beachten ist, dass die Einreise mit Waffen grundsätzlich erlaubnisfrei ist, wenn die betroffene Person eine waffenrechtliche Erlaubnis für Erwerb und Besitz der jeweiligen Waffe oder Munition hat. Der Jagdschein als jagdrechtliche Erlaubnis ist in diesem Zusammenhang nicht einer WBK gleichgestellt und keine waffenrechtliche Erlaubnis im Sinne des WaffG. Somit benötigt er bei Einfuhr von Munition eine diesbezügliche Erlaubnis, die in Form eines Munitionserwerbscheins oder einer in die WBK eingetragenen Erlaubnis (Siegel zum Munitionserwerb und -besitz) nachzuweisen ist.

3.6. Weitere Regelungen zum Umgang mit Waffen

3.6.1. Personen in der Ausbildung zum Jäger

Nach § 13 Abs. 8 WaffG dürfen Personen in der Ausbildung zum Jäger ohne Erlaubnis nicht schussbereite Waffen erwerben, besitzen und führen. Voraussetzung ist, dass Erwerb, Besitz und Führen der Waffe unter Aufsicht eines Ausbilders erfolgen. Die Regelung ermöglicht ausdrücklich auch Jugendlichen den Umgang mit Schusswaffen, was durch eine Regelung zum Schießen durch Jugendliche auf Schießstätten ergänzt wird.[126]

Neben der Anwesenheit des Ausbilders ist eine schriftliche oder elektronische Bestätigung des Einverständnisses des verantwortlichen Leiters der Ausbildung erforderlich, dass der Betroffene Schusswaffen unter Aufsicht eines Ausbilders erwerben, besitzen und führen darf. Ist der Betroffene nicht volljährig, muss das gleiche Einverständnis auch von einer sorgeberechtigten Person erklärt werden. Die jeweiligen Einverständniserklärungen sind in der Ausbildung von dem Betroffenen stets mitzuführen.

Der erlaubnisfreie Umgang umfasst gemäß § 13 Abs. 9 WaffG in Verbindung mit § 13 Abs. 8 WaffG auch Erwerb, Besitz und Führen von Schalldämpfern für Langwaffen mit Zentralfeuerkaliber.

Der Umgang mit Waffen durch Ausbilder und Prüfer gilt als Tätigkeit im Zusammenhang mit der Jagd und fällt damit unter das Bedürfnis des Jägers sowie die Freistellung nach § 13 Abs. 6 WaffG, die das Führen ungeladener Jagdwaffen von der Erlaubnispflicht freistellt.[127]

---

[126] *siehe Kapitel 3.6.1.3*

[127] *WaffVwV 13.6, 5. Absatz, zu § 13 WaffG*

Volljährigen Auszubildenden, die die entsprechenden Voraussetzungen zur Erteilung einer Waffenbesitzkarte erfüllen, kann unter Umständen diese Erwerbs- und Besitzerlaubnis für eine Einzellader-Flinte erteilt werden.[128]

3.6.1.1. Befristet erteilte Waffenbesitzkarte

Personen, die sich in der Ausbildung zum Jäger befinden, kann nach Nachweis grundlegender waffenrechtlicher Kenntnisse und Fertigkeiten im sicheren Umgang mit Schusswaffen eine Erlaubnis zum Erwerb und Besitz einer Einzellader-Langwaffe mit glattem Lauf oder mit glatten Läufen im Kaliber 12 oder kleiner erteilt werden. Somit ist es möglich, dass dieser Personenkreis noch vor Bestehen der Jägerprüfung eine Waffenbesitzkarte erhalten kann und dadurch berechtigt ist, eine Waffe der vorgenannten Art zu erwerben und zu besitzen. Kurzwaffen oder Langwaffen, die über einen gezogenen Lauf verfügen, dürfen nicht erworben werden.

Die WBK ist dabei über die allgemeine Regelung in § 8 WaffG zu erteilen, wobei als **Nachweis des Bedürfnisses** eine Darlegung der Erforderlichkeit durch die verantwortliche Ausbildungsstelle oder die zuständige Kreisgruppe des Landesjagdverbandes vorzulegen ist. Zudem ist durch den Ausbildungsleiter zu bestätigen, dass er eine für den Betroffenen geeignete Ausbildungswaffe nicht zur Verfügung stellen kann. Die Voraussetzungen zur Erteilung einer Waffenbesitzkarte gemäß § 4 WaffG müssen erfüllt sein, somit muss der Antragsteller

- **volljährig**, **zuverlässig** und **persönlich geeignet** sein, ebenso ist der
- **Nachweis einer sicheren Aufbewahrung**

dieser Langwaffe zu erbringen. Als **Nachweis der Sachkunde** ist gemäß § 3 Abs. 1 Nr. 1 Buchst. a, 3. Alternative AWaffV eine Bescheinigung eines Ausbildungsleiters für das Schießwesen nachzuweisen, dass der Betroffene die erforderlichen waffenrechtlichen Kenntnisse und Fertigkeiten im sicheren Umgang mit Schusswaffen durch Teilnahme an einem Lehrgang für die Ablegung der Jägerprüfung erworben hat.

Die Waffenbesitzkarte ist stets zu befristen, in der Regel auf zwei Jahre. Damit wird von vornherein verhindert, dass ein Waffenbesitz über die Dauer der Jagdausbildung und eine eventuelle Zeit zum Ablegen einer Wiederholungsprüfung hinaus wirksam unterbunden wird.

---

[128] WaffVwV 13.8. zu § 13 WaffG, wie zuvor WaffVwV 1994, Nr. 32.5.2; vertiefend zu Voraussetzungen und Verfahren Kapitel 3.6.1.1

Zu beachten ist, dass eine **Erlaubnis zum Erwerb und Besitz von Munition** in diesem Zusammenhang **nicht erteilt** wird.

Die Leihe einer Kurzwaffe, wie es § 12 Abs. 1 WaffG im Falle der Inhaber einer WBK grundsätzlich zulässt, ist hier nicht möglich. Ein Bedürfnis zum Erwerb und Besitz von Kurzwaffen im Zusammenhang mit der Ausbildung zum Jäger nicht zwingend gegeben, wobei auch zu beachten ist, dass der Gesetzgeber die Sonderregelung zum Erwerb von Waffen auf Einzellader-Flinten beschränkt hat und auch nur auf Fälle, in denen eine Ausbildungswaffe nicht zur Verfügung steht; durch die Leihe würde eine gesetzliche Beschränkung umgangen.

3.6.1.2. Umgang mit Waffen in der Ausbildung

In der Praxis ist zu beachten, dass der Umgang mit Jagdwaffen, somit Lang- und Kurzwaffen, durch Personen, die sich in der Ausbildung zum Jäger befinden, immer nur unter der Aufsicht des Ausbilders erfolgen darf. Dabei dürfen die Waffen nicht schussbereit sein.

Die für Jäger oder Inhaber eines Jugendjagdscheins nach § 13 Abs. 6 WaffG eröffnete Möglichkeit, eine Waffe zugriffsbereit im Zusammenhang mit der Jagd zu führen, etwa auf dem Weg ins Revier, ist hier nicht gegeben. Erwerb, Besitz und Führen von Waffen sind grundsätzlich nur erlaubt, wenn sich der Betroffene unter Aufsicht des Ausbilders befindet, somit darf der Auszubildende nicht unbegleitet Umgang mit der Waffe haben.

Handelt es sich um einen Auszubildenden, der eine WBK besitzt, ist zu beachten, dass durch die WBK die Erforderlichkeit der Aufsicht durch den Ausbilder für das Erlangen (Erwerb) und die Ausübung der tatsächlichen Gewalt (Besitz) entfällt, ebenso für das Führen der in der WBK eingetragenen Waffe. Bezüglich des Führens der Jagdwaffe in Abwesenheit des Ausbilders muss aber beachtet werden, dass auch hier nicht die Sonderregelungen für das Führen von Waffen durch Jäger oder Inhaber eines Jugendjagdscheins gelten, sondern allein die Ausnahmeregelung des § 12 Abs. 3 Nr. 2 WaffG anwendbar ist, die Waffe somit weder schussbereit (keine Munition in der Waffe) noch zugriffsbereit (in der Praxis in einem verschlossenen Futteral oder Gewehrkoffer) sein darf und nur geführt werden darf im Zusammenhang mit dem Bedürfnis, das dem Besitz zugrunde liegt, also nur im Zusammenhang mit dem Übungsschießen.

3.6.1.3. Schießen durch Minderjährige auf Schießstätten

Zu beachten ist die Sonderregelung nach § 27 Abs. 5 WaffG. Danach dürfen Personen in der Ausbildung zum Jäger in der Ausbildung ohne Erlaubnis mit Jagdwaffen schießen, wenn sie das 14. Lebensjahr vollendet haben (Jugendliche) und der Sorgeberechtigte und der Ausbildungsleiter ihr Einverständnis in einer schriftlichen oder elektronischen Berechtigungsbescheinigung erklärt haben. Der Jugendliche hat in der Ausbildung die Berechtigungsbescheinigung mit sich zu führen.

3.6.2. Zur Verwendung des Schalldämpfers

Die maximale Dämpfung erreicht ein Schalldämpfer nur bei Verwendung spezieller Unterschall-Geschwindigkeits-Munition („Subsonic"). Im Rahmen der **Jagdausübung** auf Schalenwild und Seehunde ist das aber kaum umsetzbar, da für den Schuss auf diese Kreaturen durch das derzeit gültige BJagdG bestimmte **Mindestenergiemengen** verbindlich festgelegt sind, die mit Subsonic-Munition in der Regel nicht zu erreichen sind.[129]

Die Zulässigkeit der Verwendung von Subsonic-Munition im Rahmen der Jagd, etwa zum Fangschuss oder bei der Schussabgabe auf Raubwild oder Raubzeug, ist allerdings fraglich, da im Rahmen der Diskussion zur Freigabe von Schalldämpfern für Jäger im Vorfeld der WaffG-Novelle 2020 die Verwendung von Subsonic-Munition ausdrücklich abgelehnt wurde,[130] um Menschen, die sich im weiteren Umfeld des Schützen aufhalten (beispielsweise Spaziergänger) frühzeitig durch den Geschossknall auf die stattfindende Jagd aufmerksam zu machen; die aus diesem Grunde in das Gesetz eingeführte Beschränkung auf Zentralfeuerpatronen ist ein Hinweis auf diesen Willen des Gesetzgebers, gleichwohl fehlt es an einem ausdrücklichen Verbot der Verwendung von Subsonic-Munition durch Jäger bei der Verwendung von Schalldämpfern, die aus dem Gesetzestext direkt ableitbar ist. Lediglich bei der Bejagung von Raubzeug und Raubwild, etwa im Rahmen der Tätigkeit eines **Stadtjägers** oder **Friedhofsjägers**, ist die optimale

---

[129] *Für eine kinetische Energie des Geschosses nach 100 m Flug (E_{100}) von 2.000 Joule (J) ist bei einer Mündungsgeschwindigkeit (v_0) von 320 m/s und v_{100} von 288 m/s (Geschwindigkeit nach 100 m Flugstrecke; 10% Geschwindigkeitsverlust auf 100 m) eine Masse (m) von 48 Gramm erforderlich; schwere Jagdgeschosse erreichen meist weniger als die Hälfte dieses Gewichts.*

[130] *BT-Drs. 19/13839, S. 72, zu Nummer 5, Buchst. b*

Schalldämpfung durch Verwendung von Unterschall-Munition zulässig, da es sich hier um einen Waffengebrauch in Wohngebieten oder solchen Bereichen handelt, die mit möglichst geringer Geräuschbelästigung verbunden sein sollen.

3.6.3. Vererbung von Schusswaffen (§ 20)

Wie jedes Eigentum können auch Schusswaffen vererbt werden. Die grundgesetzlich festgelegte Garantie des Eigentums führt im Waffenrecht dazu, dass auch Personen, die weder Bedürfnis noch Sachkunde nachweisen, in den Besitz von Waffen gelangen können, und zwar durch Erbschaft.

Der Erblasser kann festlegen, dass seine legal besessenen Waffen nach seinem Tode[131] einer von ihm bestimmten Person zufallen sollen. Das gilt nicht nur für Blutsverwandte, sondern auch für Vermächtnisnehmer. Dabei sind die zivilrechtlichen Vorschriften zur Erbschaft oder auch zur Erbausschlagung zu beachten, die bestimmte Fristen vorsehen.

Der Erbe kann gemäß § 20 WaffG die **Ausstellung einer WBK** beantragen. Die von ihm geerbten Waffen sind in Behältnissen aufzubewahren, die den Vorgaben des Waffengesetzes entsprechen, Altbesitzregelungen sind auf den Erben grundsätzlich nicht anwendbar. Alternativ kann der Erbe auch seinerseits bestimmen, dass die Waffen an einen Händler oder anderen Berechtigten überlassen werden sollen.

Zusätzlich sind die Waffen mit einem anerkannten **Blockiersystem** auszustatten. Dieses Blockiersystem zerstört die Waffe nicht, verhindert aber ihre Verwendung und kann nur von einem autorisierten Fachbetrieb eingesetzt und auch wieder aus der Waffe entfernt werden.

Besitzer einer erlaubnispflichtigen Schusswaffe, die aufgrund eines Bedürfnisses nach § 8 WaffG oder §§ 13 ff. WaffG eine waffenrechtliche Erlaubnis erteilt bekommen haben, etwa Jäger mit gültiger Waffenbesitzkarte, sind **von der Blockierpflicht befreit.**[132] Sie können für die Erbwaffen eine Waffenbesitzkarte beantragen, müssen die Waffe aber lediglich nach Maßgabe der gesetzlichen Vorschriften aufbewahren.

---

[131] *Zu Lebzeiten ist ein Erwerb durch den Erben nur mit Erwerbserlaubnis möglich, etwa als Jäger; denn: „Vererben geht nur mit kalter Hand."*

[132] *§ 20 Abs. 3 Satz 3 WaffG*

3.6.4. Wegfall des Bedürfnisses, Widerruf der WBK (§ 45 Abs. 3)

Voraussetzung für die Erlaubnis zum Umgang mit erlaubnispflichtigen Schusswaffen und Munition ist das Bedürfnis. **Fällt** dieses **Bedürfnis weg**, etwa bei Vereinsaustritt eines Sportschützen oder nicht mehr regelmäßiger Ausübung[133] des Schießsports, Aufgabe der Jagd, Nichtlösen des Jagdscheins[134] oder des Gewerbes, **kann** die Erlaubnis **widerrufen** werden (fakultativ). Nur bei Wegfall des Bedürfnisses zum **Führen** einer Schusswaffe (Waffenschein) **muss** die Erlaubnis **widerrufen** werden (obligatorisch).

Es handelt sich bei der Vorschrift in § 45 Abs. 3 Satz 1 WaffG um eine sogenannte **fakultative** Regelung: Danach steht es im Ermessen der Erlaubnisbehörde, die Erlaubnis zu widerrufen oder bei Vorliegen bestimmter Umstände, meist in den Eigenschaften des Betroffenen, trotz Wegfall des Bedürfnisses einem Verbleib von Waffen und Munition zuzustimmen.

Zu unterscheiden sind **vorübergehender** und **endgültiger** Wegfall. Wenn nach Würdigung aller Umstände davon auszugehen ist, dass der Wegfall des Bedürfnisses zeitlich befristet ist, sollte seitens der Behörde von der Möglichkeit, die § 45 Abs. 3 WaffG bietet, Gebrauch gemacht werden, um übermäßige Härten zu vermeiden.

Selbst bei einem **endgültigen** Wegfall des Bedürfnisses, etwa im Falle eines Jägers, der aus Altersgründen nicht mehr aktiv der Jagd nachgehen will oder kann, gibt das Gesetz die Möglichkeit, von einem Widerruf abzusehen. Voraussetzung dafür wäre in diesem Falle etwa, dass die Waffen weiterhin gegen fremden Zugriff gesichert sind und der Erlaubnisinhaber weiterhin zuverlässig und persönlich geeignet ist.

---

[133] VG Darmstadt 5 K 321/10.DA, Urteil vom 21. Januar 2011; danach entfällt das Bedürfnis eines Sportschützen, wenn die bei Erteilung der waffenrechtlichen Erlaubnis erforderliche Zahl von Trainingsterminen (monatlich einmal oder an 18 Tagen im Jahr) nicht mehr nachgewiesen werden kann

[134] Der Erwerb und Besitz von Langwaffen-Munition ist Inhabern eines Jagdscheines nach § 13 Abs. 5 WaffG erlaubnisfrei gestattet; bei nicht gelöstem Jagdschein entfällt die Besitzerlaubnis, weshalb es sinnvoll ist, die Besitzerlaubnis in der WBK zu vermerken.

4. Das Beschussgesetz (BeschG)

4.1. Geltungsbereich und Zweck

Die Beschusspflicht, der die Hersteller und Importeure von Schusswaffen unterliegen, **soll** den Benutzer und Dritte **vor Gefahren schützen**. Geregelt wird der Beschuss im Waffengesetz sowie im **Beschussgesetz** (BeschG) nebst den dazugehörigen Verordnungen. Das BeschG regelt die Prüfung und Zulassung von Feuerwaffen, Böllern, Munition und sonstigen Waffen sowie Geräten, bei denen zum Antrieb Munition oder hülsenlose Treibladungen verwendet werden. **Beschusszeichen** finden sich in der **Beschussverordnung** (BeschussV) – die nachfolgend genannten **Kennzeichnungen** sind keine Beschusszeichen im Sinne des Beschussgesetzes.

Waffen, die nach dem 31.12.1890 hergestellt wurden (ab dem Baujahr 1891), unterliegen grundsätzlich der Beschusspflicht. Sofern sie kein Beschusszeichen nach dem aktuellen Beschussgesetz oder ein anerkanntes Beschusszeichen eines anderen Staates tragen[135], müssen sie zumindest eine andere anerkannte Kennzeichnung aufweisen, wie etwa die Prüfzeichen deutscher Behörden.[136] Waffen der Bundeswehr oder anderer Bundes- und Landesbehörden (Polizei, Zoll o. ä.), die **nach dem 1. Dezember 1968** beschossen wurden, müssen nicht erneut (zivil) nachbeschossen werden, wenn diese Waffen den Vorschriften des Beschussgesetzes entsprechen. Für alle anderen Dienstwaffen (Reichswehr, Wehrmacht, aber eben auch Polizei o. ä. bis zum 14.6.1968) gilt: Das Beschusszeichen hat keine Gültigkeit! Beachten Sie: Entsprechende Kennzeichen des **Deutschen Reiches** oder der **DDR** für zivile Waffen haben uneingeschränkte Gültigkeit. Zu beachten ist, dass die behördlichen Prüfzeichen BMI/BWB zwar national, aber nicht im Bereich der CIP anerkannt sind.[137]

Der Beschuss selbst erfolgt in der Regel mit zwei **Beschusspatronen** pro Lauf, bei Revolvern mit <u>einer</u> Beschusspatrone pro Patronenlager (Kammer). Der Gasdruck, der von den Beschusspatronen (erkennbar am **gerändelten Patronenboden**) erzeugt wird, ist je nach Waffenart 25 bis 30 Prozent höher als der gesetzlich vorgeschriebene Höchstgebrauchsgasdruck. Übersteht die Waffe diesen Beschuss, der die Waffe außergewöhnlich belastet, ist in

---

[135] *§ 4 Abs. 2 BeschG*

[136] *§ 6 Abs. 2 in Verbindung mit § 4 Abs. 1 Nr. 3 Buchst. d BeschG*

[137] *zu CIP siehe Abschnitt 4.8*

der Regel sichergestellt, dass bei der Verwendung von normaler Munition in dieser Waffe keine Unglücksfälle durch Laufsprengungen oder ähnliches passieren können. Darum ist es sinnvoll, **alte Waffen**, mit denen nach längerer Zeit wieder einmal geschossen werden soll, vor der Benutzung einem **erneuten Beschuss** zu unterziehen. Geprüft werden durch den Beschuss die zu prüfenden Stücke auf

- Haltbarkeit,
- Funktionssicherheit,
- Maßhaltigkeit und
- Erfüllung der Vorschriften zur Kennzeichnung.

Der Beschusspflicht unterliegt nicht erst die vollständig hergestellte und zum Verkauf vorbereitete Waffe, sondern auch schon die weißfertige. **Weißfertig** im Sinne des Beschussgesetzes sind Gegenstände, wenn alle materialschwächenden (im Sinne von Bohren, Abdrehen o. ä.) oder materialverändernden (wie etwa das Schweißen oder Härten) Arbeiten beendet sind – ausdrücklich ausgenommen von dieser Regelung sind Gravurarbeiten, da es sich bei dieser Behandlung des Gegenstandes nur um minimale Eingriffe in die Oberflächenstruktur handelt.[138] Auch das Brünieren oder Polieren der Läufe ist keine Tätigkeit, die vor dem Zustand der „Weißfertigkeit" erfolgt sein muss. Voraussetzung für die Beschussprüfung ist, dass der Prüfling mindestens weißfertig ist.[139] Der Begriff „weißfertig" leitet sich von der hellen Farbe des Metalls vor dem Brünieren („Schwärzen") ab.

Ausnahmen von der generellen Beschusspflicht des einzelnen Stückes bestehen für bestimmte Feuerwaffen und Gegenstände, deren Gefährlichkeit für den Bediener und Dritte derart gering ist, dass eine **Bauartzulassung** ausreicht, um Gefahren zu erkennen. Bauartgeprüfte Feuerwaffen und Gegenstände tragen anstelle eines Beschusszeichens ein **Zulassungszeichen** („CIP T", bis 2014: PTB im Viereck).

---

[138] *§ 2 Abs. 5 BeschG*

[139] *§ 3 BeschussV*

Die Bauartzulassung anstelle des Einzelbeschusses ist zulässig für[140]

- pyrotechnische Munition
- Gasböller[141]
- Einsteckläufe und Reduzierhülsen / -stücke bestimmter Kaliber
- Feuerwaffen im Kaliber 4 mm und 6 mm Flobert
- Schussapparate und ihre Zusatzgeräte

Als **Schussapparate** gelten tragbare Geräte, die für gewerbliche oder technische Zwecke bestimmt sind und bei denen zum Antrieb Munition verwendet wird.

Böller sind Geräte, die ausschließlich zur Erzeugung eines Schussknalls bestimmt und keine Feuerwaffen oder Geräte zum Abschießen von Munition sind. Unter den Begriff fallen sowohl tragbare (Handböller) wie nicht tragbare (Standböller) Modelle.

Ausgenommen von der Beschusspflicht sind **Feuerwaffen**, die **vor dem 1. Januar 1891 hergestellt** wurden und **nicht verändert** worden sind[142] sowie Schusswaffen mit einem Patronen- oder Kartuschenlager unter 6 mm Durchmesser und unter 7 mm Länge[143].

Nicht anzuwenden ist das BeschG auf bereits **unbrauchbar gemachte Schusswaffen** sowie Feuerwaffen, die zum Verschießen von Munition mit einer **Ladung von höchstens 15 mg** bestimmt sind. Sonstige beschusspflichtige Gegenstände unterliegen nicht dem BeschG, wenn sie in **verschlossenen Zoll-Lagern** oder **in Freizonen** lagern. [144]

---

[140] *§ 7 Abs. 1 BeschG*

[141] *Gasböller sind Geräte zur Erzeugung des Schussknalls, bei denen der Schussknall durch die Explosion bestimmter Gase erzeugt wird. Das Dosiergerät, das die Zuführung und Dosierung der Gase regelt, bedarf der Zulassung durch die PTB. Nach Anlage I Nr. 2.3 BeschussV muss der Gasböller bei einem Beschussamt zur Prüfung vorgestellt werden. Es wird dort die Übereinstimmung des Gerätes mit der Zulassung überprüft und eine Funktionsprüfung durchgeführt. Nach Ablauf von 5 Jahren ist der Gasböller zur Wiederholungsprüfung vorzustellen.*

[142] *§ 4 Abs. 1 Nr. 3 b BeschG*

[143] *§ 4 Abs. 1 Nr. 2 BeschG*

[144] *§ 1 Abs. 2 BeschG*

Druckluft-, Federdruck- und Druckgaswaffen unterliegen nicht der Erwerbserlaubnispflicht, wenn die Bewegungsenergie der Geschosse 7,5 J nicht übersteigt. Der auf der Waffe sichtbare Nachweis ist das Prüfzeichen „**F im Fünfeck**". Es darf durch den Hersteller auf den Waffen einer Serie dauerhaft angebracht werden, wenn er der Physikalisch-Technischen Bundesanstalt (**PTB**) fünf Messprotokolle und ein Hinterlegungsmuster überlassen hat. Die Protokolle sind durch ein Beschussamt oder bei dem Hersteller durch ein kalibriertes Geschwindigkeitsmessgerät zu erstellen.[145] Ältere Schusswaffen können bei Einhaltung des Bewegungsenergie-Grenzwertes durch Prüfung bei einem Beschussamt ein „F im Fünfeck" erlangen. Daneben ist das Ortszeichen des Beschussamtes anzubringen, bei **Feuerwaffen** mit „F im Fünfeck" (bis 7,5 J) zusätzlich als Zeichen der Bauartzulassung das Zeichen „CIP T" (bis 2014: PTB im Viereck).

4.2. Begriffsbestimmungen

Beschusszeichen bestehen aus dem Kürzel „CIP" (bis 2014: Bundesadler) und einem Kennbuchstaben. Sie geben die Art des Beschusses an.

Ortszeichen erlauben den Rückschluss auf das Beschussamt, das den Beschuss durchgeführt hat. Das Ortszeichen ist auch wichtig für die Wiedervorlage der Waffe, sofern beim zuvor beantragten Beschuss ein Mangel festgestellt wurde. Die Wiedervorlage soll nur bei dem Beschussamt erfolgen, dessen **Rückgabezeichen** auf der Waffe angebracht wurde.

Prüfzeichen ist die Bezeichnung für **Beschuss-** und **Ortszeichen sowie andere Zeichen**, die im Rahmen der Beschussprüfung an der Waffe angebracht werden, zum Beispiel **Jahreszahlen**.

Von den Beschusszeichen zu unterscheiden ist die waffengesetzlich[146] geforderte **Kennzeichnung von Waffen** nach § 24 WaffG. Der Hersteller oder Importeur hat auf dem **führenden wesentlichen Teil** der Schusswaffe seinen Namen, Firmennamen oder Markennamen anzubringen, das Herstellungsland in Form eines normierten Landeskürzels, darüber hinaus die Bezeichnung der Munition oder der zu verwendenden Geschosse, bei Importwaffen das Einfuhrland in Form eines normierten Landeskürzels sowie eine fortlaufende Nummer (**Seriennummer**). Auf **Lauf** und **Patronenlager** sind

---

[145] § 11 Abs. 6 BeschussV

[146] Gilt ab 09/2020 nach Änderung von WaffG und § 21 AWaffV; zuvor galten andere Vorschriften, insbesondere für wesentliche Teile

Munition oder Laufkaliber anzugeben. Alle anderen wesentlichen Teile, die nicht das führende wesentliche Teil sind, sind nur mit Herstellerangabe (Name, Firma oder Markenzeichen) und Seriennummer zu kennzeichnen.

Kann die Trommel eines Revolvers ohne Anwendung von Hilfsmitteln ausgetauscht werden (Wechseltrommel), ist auch auf ihr die Munitions- oder Geschossbezeichnung anzubringen.

Von dieser Kennzeichnungspflicht ausgenommen sind unter anderem solche **erlaubnispflichtigen Schusswaffen**, die Aufnahme in einer **kulturhistorisch bedeutsamen Sammlung** finden sollen. Auch für **Munition**, die Teil einer Sammlung ist oder werden soll, gilt diese Ausnahme.

Zudem gilt, dass **wesentliche Teile** erlaubnispflichtiger Schusswaffen **gesondert** mit einer Seriennummer gekennzeichnet und im Waffenbuch des Händlers festzuhalten sind, wenn sie **einzeln gehandelt** werden, etwa bei der Verwertung einzelner wesentlicher Teile einer Grundwaffe.

Tragen die wesentlichen Teile einer Waffe unterschiedliche Seriennummern, etwa durch Verwendung eines Ersatzteiles oder aufgrund ihrer modularen Bauweise, ist bei der **Dokumentation** (WBK, Handelsbuch) die Seriennummer **des führenden wesentlichen Teiles**[147] zu verwenden.

Waffenhändler sind **verpflichtet** zu überprüfen, ob Schusswaffen oder Munition die vorgeschriebene Kennzeichnung tragen, bevor sie gewerbsmäßig einem anderen überlassen werden.[148] Dabei ist **jede Waffe einzeln** zu kontrollieren; für die Prüfung der Kennzeichnung von **Munition** reichen dagegen **Stichproben** aus. Trägt eine ältere Waffe **keine Seriennummer**, ist bei der zuständigen **Behörde** eine solche zu **beantragen** (Zuteilung aus Nummernkontingent).

Schusswaffen dürfen nur überlassen oder zum Schießen verwendet werden, wenn sie ein **gültiges Beschusszeichen** tragen.[149] Das gilt nicht, wenn die zuständige Behörde (idR Beschussamt) bescheinigt, dass die amtliche Prüfung nicht durchgeführt werden kann – eine Verwendung ist dann nicht

---

[147] *zur Begrifflichkeit siehe Anlage 1 A1 UA1 Nr. 1.3.2 WaffG; vor dem 1. September 2020 galt, dass bei Kurzwaffen die Seriennummer des Griffstücks und bei Langwaffen die Seriennummer des Laufes einzutragen war.*

[148] *§ 24 Abs. 3 WaffG*

[149] *§ 12 Abs. 1 Satz 1 BeschG*

mehr zulässig.[150] Diese Regelung gilt auch für **historische Waffen**, bei denen die Anbringung der Prüfzeichen auf Wunsch des Sammlers unterbleiben soll.

Die erweiterte Kennzeichnungspflicht ist Teil der Änderungen des Waffengesetzes zum 1. April 2008 gewesen. Sie gilt auch für solche Waffen, die bereits zu diesem Zeitpunkt im Warenbestand eines Waffenhändlers lagerten, aber bislang nicht überlassen wurden. Hier gilt die Pflicht zur **nachträglichen** Kennzeichnung.

Grundsätzlich werden beim **Beschuss** nicht nur Stichproben durchgeführt – **jede einzelne Waffe** wird beschossen (beachten Sie Ausnahmen wie Bauartzulassungen etc.). Dies gilt auch für **SRS-Waffen**, die zwar keine Schusswaffe im Sinne des WaffG sind, aber **Munitionsabschussgeräte**, womit sie unter den Begriff der **Feuerwaffe** im Sinne des Beschussgesetzes fallen.[151] Ausgenommen sind SRS-Waffen Kaliber 6 mm Flobert Platz.[152]

Durch die Einzelprüfung gelangen nur Waffen in den Handel, die auf Verwendungssicherheit geprüft wurden. Gleiches gilt nach Arbeiten an der Waffe, bei denen materialschwächende Arbeiten an wesentlichen Teilen vorgenommen wurden oder eine Anpassung eines bereits beschossenen wesentlichen Teiles notwendig war.

4.3. Anbringung der Prüfzeichen

Prüfzeichen sind **an jedem höchstbeanspruchten Teil** der Waffe **dauerhaft sichtbar** anzubringen[153], in der Regel durch Einschlag an den **wesentlichen Teilen** der Waffe.

Wesentliche Teile einer Waffe sind alle Bestandteile, die **notwendig** sind, **um einen Schuss abgeben zu können**. Bei einer **Kurzwaffe** reicht es beispielsweise nicht aus, nur Lauf und Verschluss zu haben – auch das Griffstück ist wesentliche Voraussetzung für die Abgabe des Schusses. Anders verhält es sich mit dem **Magazin** – schließlich ließe sich die Patrone von Hand in das Patronenlager einführen.

---

[150] *§ 12 Abs. 1 Satz 2 BeschG, § 10 Abs. 2 BeschussV*

[151] *§ 2 Abs. 1 Nr. 2 BeschG; Prüfungsumfang s. Anlage 1 BeschussV*

[152] *§ 4 Abs. 1 Nr. 2 BeschG*

[153] *§ 9 Abs. 1 BeschussV*

Die **höchstbeanspruchten Teile einer Schusswaffe** sind diejenigen, die dem **Gasdruck** ausgesetzt sind, also:

- **Lauf** (auch Austauschlauf, Wechsellauf)
- **Verschluss** („Schlitten")
- **Patronen**- oder **Kartuschenlager**, **Trommeln**, Wechseltrommeln
- **Griffstück** (bei Kurzwaffen)

- **Jedes dieser Teile** erhält ein **Beschusszeichen**. Außerdem muss **auf einem höchstbeanspruchten Teil** der Waffe (nicht auf jedem) das **Ortszeichen** aufgebracht werden sowie die codierte oder uncodierte Jahreszahl.

- Die **Jahreszahl** ist zweistellig, uncodiert mit den Ziffern 0 bis 9, codiert mit den entsprechenden Buchstaben A bis K (ohne J). Beispiel: 2005 wäre „05" oder „AF", 2043 wäre „43" oder „ED".

0	1	2	3	4	5	6	7	8	9
A	B	C	D	E	F	G	H	I	K

- Bei einer **Einzelprüfung**, zum Beispiel eines einzelnen Laufes, sind **alle Prüfzeichen** auf diesem einzelgeprüften Stück anzubringen!

Nach Arbeiten an den höchstbeanspruchten Teilen (zum Beispiel nach Verkürzen des Laufes) ist ein **erneuter Beschuss** gesetzlich vorgeschrieben,[154] wenn durch die Arbeiten das **Material geschwächt oder verändert** wurde. Gleiches gilt für Schusswaffen, bei denen ein höchstbeanspruchtes Teil **eingepasst** werden musste oder nicht mit dem für diese Waffe vorgeschriebenen Beschussgasdruck beschossen wurde.

Wird bei der Prüfung ein Mangel an der Waffe festgestellt, wird die Waffe an den Antragsteller zurückgegeben. Diese Rückgabe wird auf der Waffe festgehalten, und zwar in Form des **Rückgabezeichens**. Da es sich beim Rückgabezeichen um einen Teil der Kennzeichnung handelt, die bei bestandener Beschussprüfung auf der Waffe angebracht wird, ist es möglich, den Mangel noch zu beheben. Das **Rückgabezeichen** besteht aus dem **Ortszeichen** des Beschussamtes sowie dem **Jahrescode** – es fehlt nur das **Prüfzeichen**, zum Beispiel „CIP N".

---

[154] *§ 3 Abs. 1 Satz 3 BeschG*

Vorhandene Prüfzeichen sind durch **Einschlagen eines „X"** auf oder neben dem Prüfzeichen zu **entwerten** – das gilt für jedes höchstbeanspruchte Teil der Waffe.[155]

Auf unbrauchbar gemachten Schusswaffen muss ab dem 8. April 2016 nach Maßgabe der „Durchführungsverordnung (EU) 2015/2403 der Kommission" (Deaktivierungsverordnung zur EU-Feuerwaffenrichtlinie) nach Feststellung der Unbrauchbarmachung das Prüfzeichen deutlich sichtbar und nicht entfernbar angebracht werden. Die ursprüngliche Seriennummer der Feuerwaffe ist dabei beizubehalten, bei verschiedenen Teilenummern gilt das für alle Teilenummern. Das vollständige Zeichen wird dabei nur auf dem Rahmen (Griffstück) der Feuerwaffe angebracht, das **Deaktivierungszeichen** („EU") und der **Ländercode** des Landes, in dem die Deaktivierung geprüft wurde (etwa „DE" für Deutschland) auf allen anderen wesentlichen Teilen angebracht.[156]

Bei einem **Import** von **Druckluftwaffen**, insbesondere von **Softair- oder Paintballwaffen** ist zu beachten, dass der Importeur eine Genehmigung der zuständigen Behörde für die Einfuhr dieser Waffe benötigt - ohne das Prüfzeichen „F im Fünfeck" handelt es sich um eine erlaubnispflichtige Waffe. Die Einfuhrgenehmigung ist kostenpflichtig. Die Waffe ist einem Beschussamt zur Prüfung vorzulegen.

---

[155] § 9 Abs. 5 BeschussV

[156] Der Umfang der erforderlichen Arbeiten an den betroffenen Teilen der jeweiligen Waffe unterscheidet sich nach Waffenarten und geht teilweise über die bis zum Erlass der Richtlinie in Deutschland geltenden Vorschriften hinaus; er ist aus Vereinfachungsgründen hier nicht abgedruckt und kann unter Angabe der Richtlinien-Nummer „2015/2403" im EU-Portal http://eur-lex.europa.eu in der aktuellen Fassung abgerufen werden.

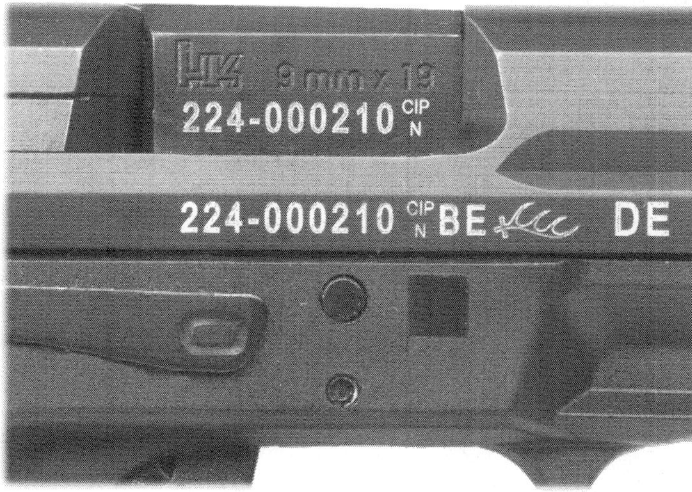

Beispiele für Kennzeichen und Beschusszeichen:

Abb. oben: Pistole Heckler & Koch SFP 9, Herstellungsland Deutschland (DE), Beschussamt Ulm, Beschusszeichen ab 2014 „Normaler Beschuss" (CIP N) im Jahr 2014 (BE), Seriennummer 224-000210, Kaliber 9 mm x 19;

Abb. unten: Pistole Walther P99, Herstellungsland Deutschland (DE), Beschussamt Ulm, Beschusszeichen vor 2014 „Normaler Beschuss" (Adler N) im Jahr 2009 (AK), Seriennummer FAH9901, Kaliber 9 mm x 19.

4.4. Kennzeichnung von Munition

Munition muss ein Prüfzeichen tragen, wenn sie Dritten gewerblich überlassen werden soll – allerdings **nicht jede einzelne Patrone**, sondern **nur die kleinste Verpackungseinheit**. Da Munition grundsätzlich nur in verschlossenen Packungen überlassen werden darf, kann der Erwerber leicht erkennen, ob diese Munition geprüft wurde.

Auf der Verpackung müssen neben dem Prüfzeichen („CIP M" mit daneben gesetztem Ortszeichen, vormals Patronensymbol mit Ortszeichen darin) der Hersteller, die Fertigungsserie, die Bezeichnung der Munition sowie die Zahl der enthaltenen Patronen oder Kartuschen angegeben sein. Oftmals sind auch Angaben zur Bewegungsenergie und Mündungsgeschwindigkeit der Geschosse auf der Verpackung zu finden.

Jede **Patronenhülse** muss so gekennzeichnet sein, dass sowohl der Hersteller als auch die Bezeichnung der Munition abgelesen werden können. Die Kennzeichnung erfolgt auf dem Hülsenboden. Die Kaliberangabe muss CIP-konform sein, militärische Codierungen reichen nicht aus. „**Surplus-Munition**" aus Militärbeständen ist daher durch einen nachträglich angebrachten Aufdruck auf der Hülse zu kennzeichnen, bevor sie gewerblich überlassen werden darf.

Die Kennzeichnung einiger Munitionsarten wie Randfeuermunition, Kartuschen- oder pyrotechnischer Munition regelt § 17 BeschussV. Deren Kennzeichnung kann auf dem Hülsenboden oder durch die Farbe der Kartuschenabdeckung erfolgen. So tragen **Kleinkaliberpatronen** auf dem Hülsenboden **nur das Herstellerkennzeichen**. Die Zusätze bei der Kaliberbezeichnung sind von enormer Bedeutung – denn jede Waffe darf nur mit der für sie vorgesehenen Munition geladen werden. Zusätze wie Magnum, Special, Luger oder IS müssen unbedingt beachtet werden.

Anders als bei Schusswaffen erfolgt die **Prüfung von Munition** nur **stichprobenartig** nach Maßgabe der Anlage III der BeschussV. Alle **Lose** eines Herstellers unterliegen dabei einer Fabrikationskontrolle. Der Begriff des Loses ist in der BeschussV für inländische Produktion bestimmt als Gesamtheit einer Munition desselben Typs, der von demselben Hersteller in einer Serie gefertigt wird, ohne Änderung wesentlicher Komponenten.[157]

---

[157] *§ 28 Abs. 2 BeschussV*

Munition, die Teil einer **Munitionssammlung** ist oder werden soll, muss keine Zeichen tragen.[158]

Ausgenommen[159] von Zulassungspflicht, Fabrikationskontrolle und regelmäßiger behördlicher Kontrolle sind

- **Treibladungen** nach § 11 Abs. 1 BeschG und
- nicht gewerbsmäßig **wiedergeladene Munition**.

Gleiches gilt für **Beschussmunition** und **Munition für Sammlungen**, sofern grundlegende Sicherheitsforderungen[160] erfüllt werden.

4.5. Ältere Kaliberangaben auf Flinten

Eine abweichende Form der Kaliberangabe findet sich auf älteren Flinten.[161] Die Kaliberangabe wird hier lediglich in Form der nachstehenden Zeichen (Zahl im Kreis) in den Lauf eingeschlagen. Die Zahl steht für die Abmessungen des Lagers und damit der Munition, die verschossen werden darf, sowie des in die WBK einzutragenden Kalibers – die Länge des Patronenlagers kann daneben angegeben sein. Ohne diese Angabe gilt:

Angabe mit Kreis	Patronen bis Kaliber
(12)	12/65
(16)	16/65

[158] *§ 11 Abs. 2 Nr. 2 BeschG, § 37 Abs. 1 Nr. 4 BeschussV*

[159] *§ 37 Abs. 1 BeschussV*

[160] *§ 29 iVm. § 37 Abs. 2 BeschussV*

[161] *Nach „Bekanntmachung, betreffend die Ausführung des Gesetzes über die Prüfung der Läufe und Verschlüsse der Handfeuerwaffen vom 19. Mai 1891", veröffentlicht am 29. Juni 1892*

4.6. Zeichen

Bis 12/2013	Ab 01/2014	
N	CIP N	Normaler Beschuss, Verschießen von Munition mit normalem Gebrauchsdruck
L	CIP N	Normalbeschuss bei Antrieb mit flüssigem (Liquid) oder gasförmigem entzündbaren Gemisch oder Treibladung*
J	CIP N	Instandsetzungsbeschuss*
F	CIP N	Freiwilliger Beschuss*
V	CIP S	Verstärkter Beschuss, Verschießen von Munition mit überhöhtem Gasdruck (z. B. Magnum-Schrot)
SP	CIP PN	Normalbeschuss, Verschießen von Schwarzpulver („PN" Poudre Noir, gestempelt 1991 bis 2006, ab 2014)
B	B	Böllerbeschuss
	CIP	Stahlschrotbeschuss
PTB	CIP T PTB	Zulassungszeichen nach § 7 BeschG (Einsteckläufe, Schussapparate, bestimmte Handfeuerwaffen) mit Nummer der Bauartprüfung (ab 2014 mit Ortszeichen „PTB")
	CIP M	Prüfzeichen für Munition (alt hier: Beschussamt München); Systematik: Prüfzeichen mit Ortszeichen nebenstehend

* Diese Art des Beschusses wird ab 2014 als Normaler Beschuss (CIP N) gekennzeichnet

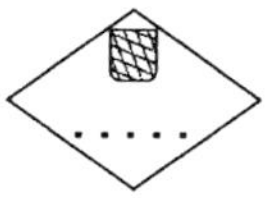

Zulassungszeichen „Bauartgeprüft nach § 9 Abs. 1 BeschG“, zB auf älteren unbrauchbar gemachten Waffen (Systematik: Raute mit Ortszeichen innen und Nummer)

Zulassungszeichen
„Bauartgeprüft nach § 9 Abs. 2 Nr. 2 - 4 BeschG“

E: Elektroimpulsgerät

R: Reizstoffe

Kennzeichen für Waffen, deren Geschosse nicht mehr als 7,5 Joule Bewegungsenergie erhalten (z. B. Druckluftwaffe)

Prüfzeichen Beschussstelle der Bundespolizeidirektion nach § 1 Abs. 7 BPolZV am Standort St. Augustin, ehemals Grenzschutzpräsidium West

Buchstabe B: Erstbeschuss
Buchstabe J: Instandsetzungsbeschuss

Prüfzeichen des Bundesamtes für Wehrtechnik und Beschaffung (BWB) für Beschuss; die Nachfolgedienststelle Bundesamt für Ausrüstung, Informationstechnik und Nutzung der Bundeswehr (BAAINBw) stempelt mit gleichem Symbol und Prüfernummer, aber ohne Schriftzug

---

Zulassungszeichen der PTB (Physikalisch-Technische Bundesanstalt) nach § 8 BeschG für bauartgeprüfte Schreckschuss-, Reizstoff-, Signalwaffen

---

EU DE 2017

Deaktivierungszeichen (EU) am Beispiel einer unbrauchbar gemachten Schusswaffe, in Deutschland (Ländercode DE) im Beschussamt Köln (Ortszeichen) im Jahre 2017 geprüft

---

Zulassungszeichen der BAM (Bundesanstalt für Materialforschung und -prüfung) für pyrotechnische Munition nach § 10 Abs. 1 BeschG

4.7. Ortszeichen

Kiel, Schleswig-Holstein (aufgelöst)
(Nesselblatt des Landeswappens von Schleswig-Holstein)

Köln, Nordrhein-Westfalen
(Die Drei Kronen des Kölner Stadtwappens)

Mellrichstadt, Bayern
(Halbrundschild mit Rautenmuster)

München, Bayern
(Halbrundschild mit erweiterten Spitzen, „Bierschürze")

Suhl, Thüringen
(Sohle mit Hacke aus dem Wappen der Bergbaustadt)

Ulm, Baden-Württemberg
(Geweihstange, Zeichen des Ulm-Vorläufers Oberndorf a.N.)

Hannover, Niedersachsen (aufgelöst)
(Sachsenross des niedersächsischen Landeswappens)

Physikalisch-Technische Bundesanstalt, Braunschweig

4.8. Beschusszeichen anderer Staaten

Die Beschusspflicht gilt nicht, wenn die Waffe ein gültiges Beschusszeichen eines CIP-Staates trägt. Die **CIP-Staaten** (Commission Internationale Permanente pour l'Epreuve des Armes à Feu Portatives) haben die gegenseitige **Anerkennung der Beschusszeichen** vereinbart. CIP-Staaten sind:

Belgien

Chile

Finnland

Frankreich

Großbritannien

Italien

Österreich

Russland

Slowak. Rep.

Spanien

Tschech. Rep.

Ungarn

Vereinigte Arabische Emirate

Deutschland

Die abgebildeten Zeichen stehen für Beschussstellen der jeweiligen Staaten; national können verschiedene Beschussstellen tätig werden.

Dies ist insbesondere für Erwerber von Waffen aus den USA oder der Schweiz wichtig – Schusswaffen von Smith & Wesson, Ruger oder Colt, die in Deutschland gehandelt oder verwendet werden, müssen ein deutsches Beschusszeichen oder das eines anderen CIP-Staates tragen.

Die **Beschusszeichen untergegangener Staaten** sind **weiterhin gültig**, wenn der betreffende Staat CIP-Staat war und die Prüfung während jener Zeit erfolgte, in der der Beschuss dieses Staates in der CIP anerkannt war.

5. Hinweise für die Jagdpraxis

5.1. Richtiges Verhalten nach einem Wildunfall

Samstagabend, Schonzeit, kurz nach 22 Uhr. Nach einem guten Abendessen sitzt man in seinem Sessel, genießt die Ruhe des Wochenendes – und plötzlich klingelt das Telefon: Ein Wildunfall im Revier! In diesem Moment richtig zu reagieren ist gar nicht so einfach, wie die lebhaften Diskussionen unter Jägern zeigen. Denn schon auf dem Weg zur Unfallstelle wird die Schusswaffe geführt – ein Verstoß gegen die gesetzlichen Vorschriften kann da schnell zum Verlust des Jagdscheins führen.

Neben den für die Erlösung der Kreatur notwendigen Waffen muss der Jäger auch seinen Jagdschein, seine Waffenbesitzkarte und seinen Personalausweis mitführen. Das Waffengesetz verpflichtet Jäger, beim Führen von Schusswaffen diese Dokumente bei sich zu tragen. Stichwort Führen: Selbst, wenn Waffen in einem verschlossenen Futteral oder in einem Koffer transportiert werden, handelt es sich um ein Führen von Waffen im Sinne des Waffengesetzes. Für Jäger gilt allerdings eine besondere Ausnahme – sie dürfen auf der Fahrt von zuhause in das Revier und auch zurück mit zugriffsbereiter Waffe unterwegs sein. Allerdings darf die Waffe nur im Revier geladen zur Jagdausübung geführt werden, außerhalb darf sich keine Munition in der Waffe befinden, sie muss ungeladen sein. Gleiches gilt für Autofahrten innerhalb des Reviers.

5.1.1. Im eigenen Revier

Somit gilt für die Fahrt zur Unfallstelle: Kurzwaffe holstern, Langwaffe griffbereit in die Langwaffenhalterung des Geländewagens oder einfach auf die Rückbank, selbstverständlich alle Waffen ungeladen. Zulässig ist es, beispielsweise ein Magazin aufmunitioniert in der Jackentasche oder einem speziellen Holster <u>unterwegs</u> mitzuführen und <u>im Revier</u> damit die Waffe zu laden. Doch Vorsicht: Die Unfallverhütungsvorschriften untersagen das Mitführen geladener Waffen in einem Fahrzeug. Die Waffe darf also erst nach Verlassen des Fahrzeugs geladen werden.

Und hier lauert in der Praxis die nächste Falle: Passanten, andere Autofahrer, vielleicht auch der unter Schock stehende Verunfallte haben seit Minuten auf den Jäger gewartet, der das kranke, vielleicht sogar klagende Stück erlösen soll, und bedrängen ihn mit Fragen. Bevor in diesem unübersichtlichen Umfeld eine Waffe schussbereit gemacht werden darf, muss zunächst einmal für einen größeren Abstand der Umstehenden gesorgt werden, in der Regel durch die vor Ort anwesenden Polizeibeamten. Auch sollte der Jäger dafür sorgen, dass Dritte den Schuss auf das Stück nicht mitansehen können – Menschen, die nicht jagen, könnten irritiert reagieren. Außerdem muss der Schütze dafür sorgen, dass durch die Schussabgabe niemand verletzt wird.

5.1.2. Im fremden Revier oder befriedeten Bezirk

Im eigenen Revier ist der Gebrauch der Waffe unter Beachtung der zuvor gemachten Vorgaben problemlos und der Ablauf ist nachvollziehbar. Doch wie reagiert man richtig, wenn man zufällig zu einem Wildunfall auf einer Straße dazukommt, die in einem fremden Revier liegt? Schließlich gilt ein Schuss auf Wild ohne Jagdberechtigung als Wilderei.

§ 22a Absatz 1 des Bundesjagdgesetzes formuliert unmissverständlich: Um krankgeschossenes Wild vor vermeidbaren Schmerzen oder Leiden zu bewahren, ist dieses unverzüglich zu erlegen; das gleiche gilt für schwerkrankes Wild, es sei denn, dass es genügt und möglich ist, es zu fangen und zu versorgen. Hier meint der Gesetzgeber zwar in erster Linie andere Fälle als den Wildunfall, aber der Sinn der Norm ist übertragbar.

Die Länder haben dazu weitere Regelungen getroffen. So besagt beispielsweise § 22 Absatz 2 des Landesjagdgesetzes Schleswig-Holstein: „Wer als Führerin oder Führer eines Kraftfahrzeuges Schalenwild angefahren oder überfahren hat, muss dies der jeweils jagdausübungsberechtigten Person oder der nächsten Polizeidienststelle unverzüglich anzeigen."

Somit sollte zunächst die Polizei über den Notruf 110 verständigt werden, auch wenn man nicht der Unfallfahrer ist. Möglicherweise ist bereits der Jagdausübungsberechtigte, der JAB, informiert und auf dem Weg zur Unfallstelle, so dass es nicht nötig ist, selbst aktiv zu werden.

Auch strafrechtlich ergibt sich ein Lösungsweg: Das Leiden des Tieres ist regelmäßig höherrangiger einzuschätzen als der Verstoß gegen gesetzliche Vorschriften, insbesondere zur Wilderei, aber auch zum Führen geladener Waffen außerhalb des eigenen Reviers. Zwar sind Tiere zivilrechtlich Sachen, stehen aber unter einem besonderen Schutz der Rechtsordnung. Darum sind Gesetzesverstöße, die zum Schutz eines Tieres begangen werden, unter Umständen straffrei, was aber stets im Einzelfall zu prüfen ist.

Führen einer schussbereiten Waffe, Schießen außerhalb des eigenen Reviers, beides für sich genommen ausreichend, um jagd- und waffenrechtlich bestraft zu werden. Doch der Jäger, der sich vielleicht gerade auf der Fahrt zum Büchsenmacher befindet und dabei die Waffe sogar in einem verschlossenen Behältnis mit sich führen muss, kann sich hier auf den Rechtfertigenden Notstand nach § 34 des Strafgesetzbuches berufen. Allerdings ist hier sehr genau abzuwägen und zu prüfen, ob nicht ein milderes Mittel in Frage kommt, etwa das schon angesprochene Warten auf den benachrichtigten Jagdpächter. Das Leid des Tieres darf sich deshalb aber nicht übermäßig verlängern.

Das geschützte Interesse, hier das Leid des Tieres, muss das beeinträchtigte wesentlich überwiegen. Gehen Sie unerschrocken und mit Augenmaß vor. Ist der JAB benachrichtigt und könnte jeden Moment eintreffen? Ist die Schussabgabe gefahrlos möglich (Abpraller, Geschossfang, Schaulustige)?

Wie bereits festgestellt müssen Sie das mildeste wirksame Mittel einsetzen. Haben Sie ein geeignetes Messer dabei und können Sie das Tier mit der blanken Waffe problemlos abfangen, schließt sich der Schusswaffengebrauch nahezu aus. Es sei denn, Sie würden Ihrerseits durch Unkenntnis des richtigen Stichs oder Schnitts das Leid des Tieres eher verlängern – dann wäre in diesem Moment und dieser Situation die Schusswaffe das mildeste wirksame Mittel. Hier muss stets eine Rechtsgüterabwägung erfolgen - dem Leid des Tieres stehen Verstöße gegen Rechtsvorschriften gegenüber, etwa Strafvorschriften zur Wilderei oder Verstöße gegen das Waffengesetz. Hier wird in der Regel das Leid des Tieres schwerer wiegen und darum diese Verstöße rechtfertigen.

Der zwingende Weg: Wählen Sie den Notruf 110 und schildern Sie die Situation. Durch diesen Anruf können Sie herausfinden, wie lange die Polizei oder der JAB noch bräuchten, um die Qual des Tieres zu beenden. Ob Sie nun den erlösenden Schuss antragen oder das Stück kalt abfangen, ist dann allerdings nicht mehr Ihre eigene Entscheidung, sondern hängt davon ab, worauf Sie sich mit dem Polizeibeamten, mit dem Sie in diesem Moment verbunden sind und dessen Augen und Ohren vor Ort Sie dabei sind, verständigen. Wenn Sie nicht zu einer gemeinsam getragenen Entscheidung kommen, müssen Sie allerdings den Weisungen des Polizeibeamten Folge leisten – das kann in der Praxis bedeuten, dass Sie keine weiteren Schritte unternehmen, obwohl Sie der Meinung sind, anders handeln zu müssen. Allerdings handeln Sie in diesem Falle auf staatliche Weisung.

Sollten Sie auf einen Wildunfall zukommen und die Polizei ebenfalls gerade eintreffen, nehmen Sie keinesfalls unaufgefordert die Schusswaffe aus dem Futteral! Stellen Sie sich den Beamten als Jäger vor und sagen ihnen, dass Sie eine Waffe im Fahrzeug haben und das Tier erlösen könnten. Die meisten Polizeibeamten werden in dieser Lage Ihre Hilfe gern annehmen.

5.2. Waffentransport – kein Buch mit sieben Siegeln

Die Regeln zum Waffenführen durch Jäger noch einmal zusammengefasst:

- Innerhalb des eigenen Reviers darf die Waffe **zur Jagdausübung schuss- und zugriffsbereit** geführt werden. Einschränkungen durch VSG 4.4 (Unfallverhütungsvorschrift/UVV Jagd der Berufsgenossenschaft) beim Überwinden von Hindernissen, zB beim Erklimmen von Leitern oder bei der Nutzung eines Kraftfahrzeugs im Revier, sind zu beachten!
- Auf der direkten Fahrt in das und aus dem Revier, also **im Zusammenhang mit der Jagd**, darf die Waffe **zugriffsbereit, aber nicht schussbereit** geführt werden – es darf sich aber keine Munition in der Waffe befinden, sie darf nicht geladen, auch nicht unterladen sein!
- Bei allen anderen Transporten, etwa zum Schießstand oder zum Büchsenmacher, müssen auch Jäger die Waffe so mitführen, dass sie **weder zugriffsbereit noch schussbereit** ist, in der Praxis ungeladen und, wenn möglich, in einem verschlossenen Waffenkoffer.

5.3. Zum guten Sch(l)uss...

Bedenken Sie immer, dass Verfehlungen des Jägers, insbesondere nach dem Waffengesetz, rasch zum Entzug des Jagdscheins und der WBK führen. In bestimmten Situationen kann Ihre persönliche Eignung hinterfragt werden, was zum Entzug der jagd- und waffenrechtlichen Erlaubnisse führen kann. Die Behörde darf nach strafbaren Verstößen gegen das Waffengesetz und sogar schon wegen Ordnungswidrigkeiten Erlaubnisse widerrufen.

Ein abschließendes Wort zum Thema *Alkohol* – in der einleitenden Geschichte hatte der Jäger gut gegessen und möglicherweise auch ein Glas Wein genossen, bevor das Telefon klingelte. Das Bundesverwaltungsgericht hat entschieden, dass der Gebrauch einer Schusswaffe nur im absolut nüchternen Zustand zulässig ist, da Gefährdungen Dritter nicht ausgeschlossen werden können. Dies wurde in späteren obergerichtlichen Entscheidungen bestätigt. Selbst wenn der Waidmann noch fahrtüchtig sein sollte, wäre der Schuss auf das Stück nach Einnahme von Alkohol ein Verstoß gegen das WaffG und der Jagdschein auf mehrere Jahre entzogen. Hand auf's Herz: Kein noch so guter Tropfen ist das wert.

6. Auszüge aus Gesetzen und Verordnungen

6.1. Waffengesetz (WaffG) - Auszug

§ 1 Gegenstand und Zweck des Gesetzes, Begriffsbestimmungen

(1) Dieses Gesetz regelt den **Umgang** mit Waffen oder Munition unter Berücksichtigung der Belange der öffentlichen Sicherheit und Ordnung.

(2) **Waffen** sind

1. Schusswaffen oder ihnen gleichgestellte Gegenstände und

2. tragbare Gegenstände,

a) die **ihrem Wesen nach dazu bestimmt** sind, die **Angriffs- oder Abwehrfähigkeit** von **Menschen** zu beseitigen oder herabzusetzen, insbesondere Hieb- und Stoßwaffen;

b) die, **ohne dazu bestimmt** zu sein, insbesondere **wegen ihrer Beschaffenheit, Handhabung oder Wirkungsweise geeignet** sind, die Angriffs- oder Abwehrfähigkeit von Menschen zu beseitigen oder herabzusetzen, und die **in diesem Gesetz genannt** sind.

(3) **Umgang** mit einer Waffe oder Munition hat, wer diese erwirbt, besitzt, überlässt, führt, verbringt, mitnimmt, damit schießt, herstellt, bearbeitet, instand setzt oder damit Handel treibt. Umgang mit einer Waffe hat auch, wer diese unbrauchbar macht.

(4) Die **Begriffe** der Waffen und Munition sowie die **Einstufung** von Gegenständen nach Absatz 2 Nr. 2 Buchstabe b als Waffen, die Begriffe der Arten des Umgangs und sonstige waffenrechtliche Begriffe sind in der **Anlage 1** (Begriffsbestimmungen) zu diesem Gesetz näher geregelt.

§ 2 Grundsätze des Umgangs mit Waffen oder Munition, Waffenliste

(1) Der **Umgang** mit Waffen oder Munition ist nur Personen gestattet, die das **18. Lebensjahr** vollendet haben.

(2) Der Umgang mit Waffen oder Munition, die in der Anlage 2 (Waffenliste) Abschnitt 2 zu diesem Gesetz genannt sind, bedarf der Erlaubnis.

(3) Der Umgang mit Waffen oder Munition, die in der Anlage 2 Abschnitt 1 zu diesem Gesetz genannt sind, ist verboten.

(...)

§ 4 Voraussetzungen für eine Erlaubnis

(1) Eine Erlaubnis setzt voraus, dass der Antragsteller

1. das **18. Lebensjahr** vollendet hat (§ 2 Abs. 1),

2. die erforderliche **Zuverlässigkeit** (§ 5) und **persönliche Eignung** (§ 6) besitzt,

3. die erforderliche **Sachkunde** nachgewiesen hat (§ 7),

4. ein **Bedürfnis** nachgewiesen hat (§ 8) und

5. bei der Beantragung eines **Waffenscheins** oder einer **Schießerlaubnis** eine **Versicherung gegen Haftpflicht** in Höhe von 1 Million Euro - pauschal für Personen- und Sachschäden - nachweist.

(2) Die Erlaubnis zum Erwerb, Besitz, Führen oder Schießen kann versagt werden, wenn der Antragsteller seinen gewöhnlichen Aufenthalt nicht seit mindestens **fünf Jahren** im Geltungsbereich dieses Gesetzes hat.

(3) Die zuständige Behörde hat die Inhaber von waffenrechtlichen Erlaubnissen in **regelmäßig**en Abständen, mindestens jedoch nach Ablauf von drei Jahren, erneut auf ihre **Zuverlässigkeit** und ihre **persönliche Eignung** zu prüfen sowie in den Fällen des Absatzes 1 Nr. 5 sich das Vorliegen einer Versicherung gegen Haftpflicht nachweisen zu lassen.

(4) Die zuständige Behörde hat das **Fortbestehen des Bedürfnisses** bei Inhabern einer waffenrechtlichen Erlaubnis **alle fünf Jahre** erneut zu überprüfen.

(5) Zur Erforschung des Sachverhalts kann die zuständige Behörde in begründeten Einzelfällen das persönliche Erscheinen des Antragstellers oder des Erlaubnisinhabers verlangen.

§ 5 Zuverlässigkeit

(1) Die erforderliche Zuverlässigkeit besitzen Personen nicht,

1. die **rechtskräftig** verurteilt worden sind

a) wegen eines **Verbrechens** oder

b) wegen sonstiger vorsätzlicher Straftaten zu einer **Freiheitsstrafe von mindestens einem Jahr**,

wenn seit dem Eintritt der Rechtskraft der letzten Verurteilung zehn Jahre noch nicht verstrichen sind,

2. bei denen **Tatsachen** die Annahme rechtfertigen, dass sie

a) Waffen oder Munition missbräuchlich oder leichtfertig verwenden werden,

b) mit Waffen oder Munition nicht vorsichtig oder sachgemäß umgehen oder diese Gegenstände nicht sorgfältig verwahren werden,

c) Waffen oder Munition Personen überlassen werden, die zur Ausübung der tatsächlichen Gewalt über diese Gegenstände nicht berechtigt sind.

(2) Die erforderliche Zuverlässigkeit besitzen **in der Regel** Personen nicht,

1.

a) die wegen einer **vorsätzlichen** Straftat,

b) die wegen einer **fahrlässigen** Straftat im Zusammenhang mit dem Umgang mit Waffen, Munition oder explosionsgefährlichen Stoffen oder wegen einer fahrlässigen gemeingefährlichen Straftat,

c) die wegen einer Straftat nach dem Waffengesetz, dem Gesetz über die Kontrolle von Kriegswaffen, dem Sprengstoffgesetz oder dem Bundesjagdgesetz

zu einer Freiheitsstrafe, Jugendstrafe, Geldstrafe von **mindestens 60 Tagessätzen** oder mindestens zweimal zu einer geringeren Geldstrafe rechtskräftig verurteilt worden sind oder bei denen die Verhängung von Jugendstrafe ausgesetzt worden ist, wenn seit dem Eintritt der Rechtskraft der letzten Verurteilung fünf Jahre noch nicht verstrichen sind,

2. die Mitglied

a) in einem **Verein**, der nach dem Vereinsgesetz als Organisation **unanfechtbar verboten** wurde oder der einem **unanfechtbaren Betätigungsverbot nach dem Vereinsgesetz** unterliegt, oder

b) in einer **Partei**, deren **Verfassungswidrigkeit das Bundesverfassungsgericht** nach § 46 des Bundesverfassungsgerichtsgesetzes **festgestellt** hat,

waren, wenn seit der Beendigung der Mitgliedschaft zehn Jahre noch nicht verstrichen sind,

3. bei denen Tatsachen die Annahme rechtfertigen, dass sie in den letzten fünf Jahren

a) Bestrebungen einzeln verfolgt haben, die

aa) **gegen die verfassungsmäßige Ordnung** gerichtet sind,

bb) **gegen den Gedanken der Völkerverständigung**, insbesondere gegen das friedliche Zusammenleben der Völker, gerichtet sind oder

cc) durch Anwendung von Gewalt oder darauf gerichtete Vorbereitungshandlungen **auswärtige Belange der Bundesrepublik Deutschland gefährden**,

b) **Mitglied in einer Vereinigung** waren, die solche Bestrebungen verfolgt oder verfolgt hat, oder

c) eine **solche Vereinigung unterstützt** haben,

4. die innerhalb der letzten fünf Jahre mehr als einmal wegen Gewalttätigkeit mit richterlicher Genehmigung in polizeilichem Präventivgewahrsam waren,

5. die wiederholt oder gröblich gegen die Vorschriften eines der in Nummer 1 Buchstabe c genannten Gesetze verstoßen haben.

(...)

§ 6 Persönliche Eignung

(1) Die erforderliche persönliche Eignung besitzen Personen nicht, wenn **Tatsachen** die **Annahme rechtfertigen**, dass sie

1. geschäftsunfähig sind,

2. **abhängig** von Alkohol oder anderen berauschenden Mitteln, **psychisch krank** oder **debil** sind oder

3. auf Grund in der Person liegender Umstände mit Waffen oder Munition **nicht vorsichtig oder sachgemäß** umgehen oder diese Gegenstände **nicht sorgfältig verwahren** können oder dass die **konkrete Gefahr einer Fremd- oder Selbstgefährdung** besteht.

Die erforderliche persönliche Eignung besitzen **in der Regel** Personen nicht, wenn Tatsachen die Annahme rechtfertigen, dass sie in ihrer Geschäftsfähigkeit beschränkt sind. Die zuständige Behörde soll die Stellungnahme der örtlichen Polizeidienststelle einholen. Der persönlichen Eignung können auch im **Erziehungsregister** eingetragene Entscheidungen oder

Anordnungen nach § 60 Abs. 1 Nr. 1 bis 7 des Bundeszentralregistergesetzes entgegenstehen.

(2) Sind **Tatsachen** bekannt, die Bedenken gegen die persönliche Eignung nach Absatz 1 begründen, oder bestehen **begründete Zweifel** an vom Antragsteller beigebrachten Bescheinigungen, so hat die zuständige Behörde der betroffenen Person **auf Kosten der betroffenen Person** die Vorlage eines amts- oder fachärztlichen oder fachpsychologischen Zeugnisses über die geistige oder körperliche Eignung aufzugeben.

(3) Personen, die **noch nicht das 25. Lebensjahr** vollendet haben, haben für die **erstmalige** Erteilung einer Erlaubnis zum Erwerb und Besitz einer Schusswaffe auf eigene Kosten ein amts- oder fachärztliches oder fachpsychologisches Zeugnis über die geistige Eignung vorzulegen. **Satz 1 gilt nicht für den Erwerb und Besitz von Schusswaffen im Sinne von § 14 Abs. 1 Satz 2.**

(...)

§ 10 Erteilung von Erlaubnissen zum Erwerb, Besitz, Führen und Schießen

(1) Die **Erlaubnis zum Erwerb und Besitz** von **Waffen** wird durch eine **Waffenbesitzkarte oder** durch **Eintragung** in eine bereits vorhandene Waffenbesitzkarte erteilt. Für die Erteilung einer Erlaubnis für Schusswaffen sind **Art, Anzahl und Kaliber** der Schusswaffen anzugeben. Die Erlaubnis zum Erwerb einer Waffe gilt für die Dauer eines Jahres, die Erlaubnis zum Besitz wird in der Regel unbefristet erteilt.

(2) Eine Waffenbesitzkarte über Schusswaffen, die **mehrere Personen** besitzen, kann auf diese Personen ausgestellt werden. Eine Waffenbesitzkarte kann auch einem **schießsportlichen Verein** oder **einer jagdlichen Vereinigung als juristischer Person** erteilt werden. Sie ist mit der Auflage zu verbinden, dass der Verein der Behörde vor Inbesitznahme von Vereinswaffen unbeschadet des Vorliegens der Voraussetzung des § 4 Abs. 1 Nr. 5 **eine verantwortliche Person** zu **benennen** hat, für die die Voraussetzungen nach § 4 Abs. 1 Nr. 1 bis 3 nachgewiesen sind; diese benannte Person muss nicht vertretungsberechtigtes Organ des Vereins sein. Scheidet die benannte verantwortliche Person aus dem Verein aus oder liegen in ihrer Person nicht mehr alle Voraussetzungen nach § 4 Abs. 1 Nr. 1 bis 3 vor, so ist der Verein verpflichtet, dies unverzüglich der zuständigen Behörde mitzuteilen. Benennt der Verein nicht innerhalb von zwei Wochen eine neue verantwortliche Person, für die die Voraussetzungen nach § 4 Abs. 1 Nr. 1 bis 3

nachgewiesen werden, so ist die dem Verein erteilte Waffenbesitzerlaubnis zu widerrufen und die Waffenbesitzkarte zurückzugeben.

(3) Die **Erlaubnis zum Erwerb und Besitz** von **Munition** wird durch Eintragung in eine **Waffenbesitzkarte** für die darin **eingetragenen Schusswaffen** erteilt. In den **übrigen Fällen** wird die Erlaubnis durch einen **Munitionserwerbsschein** für eine bestimmte Munitionsart erteilt; sie ist für den Erwerb der Munition auf die Dauer von sechs Jahren zu befristen und gilt für den Besitz der Munition unbefristet. Die Erlaubnis zum nicht gewerblichen Laden von Munition im Sinne des Sprengstoffgesetzes gilt auch als Erlaubnis zum Erwerb und Besitz dieser Munition. Nach Ablauf der Gültigkeit des Erlaubnisdokuments gilt die Erlaubnis für den Besitz dieser Munition für die Dauer von sechs Monaten fort.

(4) Die **Erlaubnis zum Führen** einer Waffe wird durch einen **Waffenschein** erteilt. Eine Erlaubnis nach Satz 1 zum Führen von Schusswaffen wird für bestimmte Schusswaffen auf höchstens drei Jahre erteilt; die Geltungsdauer kann zweimal um höchstens je drei Jahre verlängert werden, sie ist kürzer zu bemessen, wenn nur ein vorübergehendes Bedürfnis nachgewiesen wird. Der Geltungsbereich des Waffenscheins ist auf bestimmte Anlässe oder Gebiete zu beschränken, wenn ein darüber hinausgehendes Bedürfnis nicht nachgewiesen wird. Die Voraussetzungen für die Erteilung einer Erlaubnis zum Führen von Schreckschuss-, Reizstoff- und Signalwaffen sind in der Anlage 2 Abschnitt 2 Unterabschnitt 3 Nr. 2 und 2.1 genannt (Kleiner Waffenschein).

(5) Die Erlaubnis zum Schießen mit einer Schusswaffe wird durch einen Erlaubnisschein erteilt.

§ 11 Erwerb und Besitz von Schusswaffen oder Munition mit Bezug zu einem anderen Mitgliedstaat der Europäischen Union

(1) Eine Erlaubnis zum Erwerb und Besitz einer Schusswaffe nach Anlage 1 Abschnitt 3 Nr. 1 bis 3 (Kategorien A bis C) oder von Munition für eine solche darf einer Person, die ihren gewöhnlichen Aufenthalt in einem anderen Mitgliedstaat hat, nur erteilt werden, wenn sie

1. die Schusswaffen oder die Munition in den Mitgliedstaat im Wege der Selbstvornahme verbringen wird oder

2. eine schriftliche oder elektronische Erklärung vorlegt, dass und aus welchen Gründen sie die Schusswaffen oder die Munition nur im Geltungsbereich dieses Gesetzes zu besitzen beabsichtigt.

Die Erlaubnis zum Erwerb oder Besitz einer Schusswaffe nach Anlage 1 Abschnitt 3 Nr. 2 (Kategorie B) oder Munition für eine solche darf nur erteilt werden, wenn über die Voraussetzungen des Satzes 1 hinaus eine vorherige Zustimmung dieses Mitgliedstaates hierzu vorgelegt wird.

(2) Für eine Person mit gewöhnlichem Aufenthalt im Geltungsbereich dieses Gesetzes, die eine Schusswaffe nach Anlage 1 Abschnitt 3 Nr. 2 (Kategorie B) oder Munition für eine solche in einem anderen Mitgliedstaat mit einer Erlaubnis dieses Staates erwerben will, wird eine Erlaubnis erteilt, wenn die Voraussetzungen nach § 4 Abs. 1 Nr. 2 vorliegen.

§ 12 Ausnahmen von den Erlaubnispflichten

(1) Einer Erlaubnis zum Erwerb und Besitz einer Waffe bedarf nicht, wer diese

1. als Inhaber einer Waffenbesitzkarte von einem Berechtigten

a) lediglich vorübergehend, höchstens aber für einen Monat für einen von seinem Bedürfnis umfassten Zweck oder im Zusammenhang damit, oder

b) vorübergehend zum Zweck der sicheren Verwahrung oder der Beförderung

erwirbt;

2. vorübergehend von einem Berechtigten zur **gewerbsmäßigen** Beförderung, zur **gewerbsmäßigen** Lagerung oder zur **gewerbsmäßigen** Ausführung von Verschönerungen oder ähnlicher Arbeiten an der Waffe erwirbt;

3. von einem oder für einen Berechtigten erwirbt, wenn und solange er

a) auf Grund eines Arbeits- oder Ausbildungsverhältnisses,

b) als **Beauftragter oder Mitglied einer jagdlichen oder schießsportlichen Vereinigung**, einer anderen sportlichen Vereinigung zur Abgabe von Startschüssen oder einer zur Brauchtumspflege Waffen tragenden Vereinigung,

c) als Beauftragter einer in § 55 Abs. 1 Satz 1 bezeichneten Stelle,

d) als Charterer von seegehenden Schiffen zur Abgabe von Seenotsignalen

den Besitz über die Waffe **nur nach den Weisungen des Berechtigten** ausüben darf;

4. von einem anderen,

a) dem er die Waffe vorübergehend überlassen hat, ohne dass es hierfür der Eintragung in die Erlaubnisurkunde bedurfte, oder

b) nach dem Abhandenkommen

wieder erwirbt;

5. auf einer **Schießstätte** (§ 27) **lediglich vorübergehend** zum Schießen auf dieser Schießstätte erwirbt;

6. auf einer Reise in den oder durch den Geltungsbereich des Gesetzes nach § 32 berechtigt mitnimmt.

(2) Einer Erlaubnis zum Erwerb und Besitz von Munition bedarf nicht, wer diese

1. unter den Voraussetzungen des Absatzes 1 Nr. 1 bis 4 erwirbt;

2. unter den Voraussetzungen des Absatzes 1 Nr. 5 zum sofortigen Verbrauch lediglich auf dieser Schießstätte (§ 27) erwirbt;

3. auf einer Reise in den oder durch den Geltungsbereich des Gesetzes nach § 32 berechtigt mitnimmt.

(3) Einer Erlaubnis zum Führen von Waffen bedarf nicht, wer

1. diese mit Zustimmung eines anderen in dessen Wohnung, Geschäftsräumen oder befriedetem Besitztum oder dessen Schießstätte **zu einem von seinem Bedürfnis umfassten Zweck** oder im Zusammenhang damit führt;

2. diese **nicht schussbereit** und **nicht zugriffsbereit** von einem Ort zu einem anderen Ort befördert, sofern der Transport der Waffe **zu einem von seinem Bedürfnis umfassten Zweck** oder im Zusammenhang damit erfolgt;

3. eine Langwaffe nicht schussbereit den Regeln entsprechend als Teilnehmer an genehmigten Sportwettkämpfen auf festgelegten Wegstrecken führt;

4. eine Signalwaffe beim Bergsteigen, als verantwortlicher Führer eines Wasserfahrzeugs auf diesem Fahrzeug oder bei Not- und Rettungsübungen führt;

5. eine Schreckschuss- oder eine Signalwaffe zur Abgabe von Start- oder Beendigungszeichen bei Sportveranstaltungen führt, wenn optische oder akustische Signalgebung erforderlich ist,

6. in Fällen der vorübergehenden Aufbewahrung von Waffen außerhalb der Wohnung diesen ein wesentliches Teil entnimmt und mit sich führt;

mehrere mitgeführte wesentliche Teile dürfen nicht zu einer schussfähigen Waffe zusammengefügt werden können.

(4) Einer Erlaubnis zum Schießen mit einer Schusswaffe bedarf nicht, wer auf einer Schießstätte (§ 27) schießt. Das Schießen außerhalb von Schießstätten ist darüber hinaus ohne Schießerlaubnis nur zulässig

1. durch den Inhaber des Hausrechts oder mit dessen Zustimmung im befriedeten Besitztum

a) mit Schusswaffen, deren Geschossen eine Bewegungsenergie von nicht mehr als 7,5 Joule (J) erteilt wird oder deren Bauart nach § 7 des Beschussgesetzes zugelassen ist, sofern die Geschosse das Besitztum nicht verlassen können,

b) mit Schusswaffen, aus denen nur Kartuschenmunition verschossen werden kann,

2. durch Personen, die den Regeln entsprechend als Teilnehmer an genehmigten Sportwettkämpfen nach Absatz 3 Nr. 3 mit einer Langwaffe an Schießständen schießen,

3. mit Schusswaffen, aus denen nur Kartuschenmunition verschossen werden kann,

a) durch Mitwirkende an Theateraufführungen und diesen gleich zu achtenden Vorführungen,

b) zum Vertreiben von Vögeln in landwirtschaftlichen Betrieben,

4. mit Signalwaffen bei Not- und Rettungsübungen,

5. mit Schreckschuss- oder mit Signalwaffen zur Abgabe von Start- oder Beendigungszeichen **im Auftrag der Veranstalter** bei Sportveranstaltungen, wenn optische oder akustische Signalgebung erforderlich ist.

(5) Die zuständige Behörde kann im Einzelfall weitere Ausnahmen von den Erlaubnispflichten zulassen, wenn besondere Gründe vorliegen und Belange der öffentlichen Sicherheit und Ordnung nicht entgegenstehen.

§ 13 Erwerb und Besitz von Schusswaffen und Munition durch Jäger, Führen und Schießen zu Jagdzwecken

(1) Ein Bedürfnis für den Erwerb und Besitz von Schusswaffen und der dafür bestimmten Munition wird bei Personen anerkannt, die Inhaber eines gültigen Jagdscheines im Sinne von § 15 Abs. 1 Satz 1 des Bundesjagdgesetzes sind (**Jäger**), wenn

1. **glaubhaft gemacht wird**, dass sie die Schusswaffen und die Munition zur Jagdausübung oder zum Training im jagdlichen Schießen einschließlich jagdlicher Schießwettkämpfe **benötigen**, und

2. die zu erwerbende Schusswaffe und Munition nach dem Bundesjagdgesetz in der zum Zeitpunkt des Erwerbs geltenden Fassung **nicht verboten** ist (Jagdwaffen und -munition).

(2) **Für Jäger gilt § 6 Abs. 3 Satz 1 nicht**. Bei Jägern, die Inhaber eines Jahresjagdscheines im Sinne von § 15 Abs. 2 in Verbindung mit Abs. 1 Satz 1 des Bundesjagdgesetzes sind, erfolgt keine Prüfung der Voraussetzungen des Absatzes 1 Nr. 1 sowie des § 4 Abs. 1 Nr. 4 für den Erwerb und Besitz von Langwaffen und zwei Kurzwaffen, sofern die Voraussetzungen des Absatzes 1 Nr. 2 vorliegen.

(3) **Inhaber eines gültigen Jahresjagdscheines** im Sinne des § 15 Abs. 2 in Verbindung mit Abs. 1 Satz 1 des Bundesjagdgesetzes bedürfen zum **Erwerb von Langwaffen** nach Absatz 1 Nr. 2 **keiner Erlaubnis**. Der Jagdscheininhaber nach Satz 1 hat **binnen zwei Wochen nach Erwerb** einer Langwaffe bei der zuständigen Behörde die **Ausstellung einer Waffenbesitzkarte** zu **beantragen**.

(4) Für den **Erwerb und vorübergehenden Besitz** gemäß § 12 Abs. 1 Nr. 1 von Langwaffen nach Absatz 1 Nr. 2 **steht ein Jagdschein** im Sinne von § 15 Abs. 1 Satz 1 des Bundesjagdgesetzes **einer Waffenbesitzkarte gleich**.

(5) **Jäger bedürfen** für den **Erwerb und Besitz von Munition für Langwaffen** nach Absatz 1 Nr. 2 **keine**r **Erlaubnis**, sofern sie nicht nach dem Bundesjagdgesetz in der jeweiligen Fassung verboten ist.

(6) Ein **Jäger darf Jagdwaffen** zur befugten Jagdausübung einschließlich des Ein- und Anschießens im Revier, zur Ausbildung von Jagdhunden im Revier, zum Jagdschutz oder zum Forstschutz **ohne Erlaubnis führen** und mit ihnen schießen; er darf **auch im Zusammenhang mit diesen Tätigkeiten** die Jagdwaffen **nicht schussbereit ohne Erlaubnis führen**. Der befugten Jagdausübung gleichgestellt ist der Abschuss von Tieren, die dem Naturschutzrecht unterliegen, wenn die naturschutzrechtliche Ausnahme oder Befreiung die Tötung durch einen Jagdscheininhaber vorsieht.

(7) Inhabern eines **Jugendjagdscheines** im Sinne von § 16 des Bundesjagdgesetzes wird eine Erlaubnis zum Erwerb und Besitz von Schusswaffen und der dafür bestimmten Munition nicht erteilt. Sie dürfen Schusswaffen und die dafür bestimmte Munition nur für die Dauer der Ausübung der Jagd oder des Trainings im jagdlichen Schießen einschließlich jagdlicher

Schießwettkämpfe ohne Erlaubnis erwerben, besitzen, die Schusswaffen führen und damit schießen; sie dürfen auch im Zusammenhang mit diesen Tätigkeiten die Jagdwaffen nicht schussbereit ohne Erlaubnis führen.

(8) **Personen in der Ausbildung zum Jäger** dürfen **nicht schussbereite Jagdwaffen** in der Ausbildung ohne Erlaubnis **unter Aufsicht eines Ausbilders erwerben, besitzen und führen**, wenn sie **das 14. Lebensjahr vollendet** haben und der Sorgeberechtigte und der Ausbildungsleiter ihr Einverständnis in einer schriftlichen oder elektronischen Berechtigungsbescheinigung erklärt haben. Die Person hat in der Ausbildung die Berechtigungsbescheinigung mit sich zu führen.

(9) Auf **Schalldämpfer** finden die Absätze 1 bis 4 und 6 bis 8 entsprechende Anwendung. Die Schalldämpfer gemäß Satz 1 dürfen ausschließlich mit für die Jagd zugelassenen **Langwaffen für Munition mit Zentralfeuerzündung** im Rahmen der Jagd und des jagdlichen Übungsschießens verwendet werden.

§ 20 Erwerb und Besitz von Schusswaffen durch Erwerber infolge Erbfalls

(1) Der Erbe hat binnen eines Monats nach der Annahme der Erbschaft oder dem Ablauf der für die Ausschlagung der Erbschaft vorgeschriebenen Frist die Ausstellung einer Waffenbesitzkarte für die zum Nachlass gehörenden erlaubnispflichtigen Schusswaffen oder ihre Eintragung in eine bereits ausgestellte Waffenbesitzkarte zu beantragen; für den Vermächtnisnehmer oder durch Auflage Begünstigten beginnt diese Frist mit dem Erwerb der Schusswaffen.

(2) Dem Erwerber infolge eines Erbfalls ist die gemäß Absatz 1 beantragte Erlaubnis abweichend von § 4 Abs. 1 zu erteilen, wenn der **Erblasser berechtigter Besitzer** war und der Antragsteller **zuverlässig** und **persönlich geeignet** ist.

(3) Für erlaubnispflichtige Schusswaffen und erlaubnispflichtige Munition, für die der Erwerber infolge eines Erbfalles ein Bedürfnis nach § 8 oder §§ 13 ff. geltend machen kann, sind die Vorschriften des § 4 Abs. 1 Nr. 1 bis 3 und des § 8 und der §§ 13 bis 18 anzuwenden. **Kann kein Bedürfnis geltend gemacht werden, sind Schusswaffen durch ein dem Stand der Technik entsprechendes Blockiersystem zu sichern und ist erlaubnispflichtige Munition binnen angemessener Frist unbrauchbar zu machen oder einem Berechtigten zu überlassen.** Einer Sicherung durch ein Blockiersystem bedarf es nicht, wenn der Erwerber der Erbwaffe bereits auf Grund

eines Bedürfnisses nach § 8 oder §§ 13 ff. berechtigter Besitzer einer erlaubnispflichtigen Schusswaffe ist. Für den Transport der Schusswaffe im Zusammenhang mit dem Einbau des Blockiersystems gilt § 12 Abs. 3 Nr. 2 entsprechend.

(...)

(6) Die Waffenbehörde hat auf Antrag Ausnahmen von der Verpflichtung, alle Erbwaffen mit einem dem Stand der Sicherheitstechnik entsprechenden Blockiersystem zu sichern, zuzulassen, wenn oder so lange für eine oder mehrere Erbwaffen ein entsprechendes Blockiersystem noch nicht vorhanden ist. Eine Ausnahme kann auch für Erbwaffen erteilt werden, die Bestandteil einer kulturhistorisch bedeutsamen Sammlung gemäß § 17 sind oder werden sollen.

§ 36 Aufbewahrung von Waffen oder Munition

(1) Wer Waffen oder Munition besitzt, hat die erforderlichen Vorkehrungen zu treffen, um zu verhindern, dass diese Gegenstände abhandenkommen oder Dritte sie unbefugt an sich nehmen.

(2) (aufgehoben)

(3) Wer erlaubnispflichtige Schusswaffen, Munition oder verbotene Waffen besitzt oder die Erteilung einer Erlaubnis zum Besitz beantragt hat, hat der zuständigen Behörde die zur sicheren Aufbewahrung getroffenen oder vorgesehenen Maßnahmen nachzuweisen. Besitzer von erlaubnispflichtigen Schusswaffen, Munition oder verbotenen Waffen haben außerdem der Behörde zur Überprüfung der Pflichten aus Absatz 1 in Verbindung mit einer Rechtsverordnung nach Absatz 5 Zutritt zu den Räumen zu gestatten, in denen die Waffen und die Munition aufbewahrt werden. Wohnräume dürfen gegen den Willen des Inhabers nur zur Verhütung dringender Gefahren für die öffentliche Sicherheit betreten werden; das Grundrecht der Unverletzlichkeit der Wohnung (Artikel 13 des Grundgesetzes) wird insoweit eingeschränkt.

(4) Die in einer Rechtsverordnung nach Absatz 5 festgelegten Anforderungen an die Aufbewahrung von Schusswaffen und Munition gelten nicht bei Aufrechterhaltung der bis zum 6. Juli 2017 erfolgten Nutzung von Sicherheitsbehältnissen, die den Anforderungen des § 36 Absatz 2 Satz 1 zweiter Halbsatz und Satz 2 in der Fassung des Gesetzes vom 11. Oktober 2002 (BGBl. I S. 3970, 4592; 2003 I S. 1957), das zuletzt durch Artikel 6 Absatz 34 des Gesetzes vom 13. April 2017 (BGBl. I S. 872) geändert worden ist, entsprechen oder die von der zuständigen Behörde als gleichwertig

anerkannt wurden. Diese Sicherheitsbehältnisse können nach Maßgabe des § 36 Absatz 1 und 2 in der Fassung des Gesetzes vom 11. Oktober 2002 (BGBl. I S. 3970, 4592; 2003 I S. 1957), das zuletzt durch Artikel 6 Absatz 34 des Gesetzes vom 13. April 2017 (BGBl. I S. 872) geändert worden ist, sowie des § 13 der Allgemeinen Waffengesetz-Verordnung vom 27. Oktober 2003 (BGBl. I S. 2123), die zuletzt durch Artikel 108 des Gesetzes vom 29. März 2017 (BGBl. I S. 626) geändert worden ist,

1. vom bisherigen Besitzer weitergenutzt werden sowie

2. für die Dauer der gemeinschaftlichen Aufbewahrung auch von berechtigten Personen mitgenutzt werden, die mit dem bisherigen Besitzer nach Nummer 1 in häuslicher Gemeinschaft leben.

Die Berechtigung zur Nutzung nach Satz 2 Nummer 2 bleibt über den Tod des bisherigen Besitzers hinaus für eine berechtigte Person nach Satz 2 Nummer 2 bestehen, wenn sie infolge des Erbfalls Eigentümer des Sicherheitsbehältnisses wird; die berechtigte Person wird in diesem Fall nicht bisheriger Besitzer im Sinne des Satzes 2 Nummer 1. In den Fällen der Sätze 1 bis 3 finden § 53 Absatz 1 Nummer 19 und § 52a in der Fassung des Gesetzes vom 11. Oktober 2002 (BGBl. I S. 3970, 4592; 2003 I S. 1957), das zuletzt durch Artikel 6 Absatz 34 des Gesetzes vom 13. April 2017 (BGBl. I S. 872) geändert worden ist, und § 34 Nummer 12 der Allgemeinen Waffengesetz-Verordnung vom 27. Oktober 2003 (BGBl. I S. 2123), die zuletzt durch Artikel 108 des Gesetzes vom 29. März 2017 (BGBl. I S. 626) geändert worden ist, weiterhin Anwendung.

(...)

(6) Ist im Einzelfall, insbesondere wegen der Art und Zahl der aufzubewahrenden Waffen oder Munition oder wegen des Ortes der Aufbewahrung, ein höherer Sicherheitsstandard erforderlich, hat die zuständige Behörde die notwendigen Ergänzungen anzuordnen und zu deren Umsetzung eine angemessene Frist zu setzen.

§ 38 Ausweispflichten

(1) Wer eine Waffe führt, muss folgende Dokumente mit sich führen:

1. seinen Personalausweis oder Pass und

a) wenn es einer Erlaubnis zum Erwerb bedarf, die Waffenbesitzkarte oder, wenn es einer Erlaubnis zum Führen bedarf, den Waffenschein,

(...)

g) im Fall der vorübergehenden Berechtigung zum Erwerb oder zum Führen auf Grund des § 12 Absatz 1 Nummer 1 und 2 oder § 28 Absatz 4 einen Beleg, aus dem der Name des Überlassers und des Besitzberechtigten sowie das Datum der Überlassung hervorgeht, oder

h) im Fall des Schießens mit einer Schießerlaubnis nach § 10 Absatz 5 diese und

2. in den Fällen des § 13 Absatz 6 den Jagdschein.

In den Fällen des § 13 Absatz 3 und § 14 Absatz 4 Satz 2 genügt an Stelle der Waffenbesitzkarte ein schriftlicher Nachweis darüber, dass die Antragsfrist noch nicht verstrichen oder ein Antrag gestellt worden ist.

Satz 1 gilt nicht in Fällen des § 12 Absatz 3 Nummer 1.

(2) Die nach Absatz 1 Satz 1 und 2 mitzuführenden Dokumente sind Polizeibeamten oder sonst zur Personenkontrolle Befugten auf Verlangen zur Prüfung auszuhändigen.

§ 40 Verbotene Waffen

(...)

(3) **Inhaber einer jagdrechtlichen Erlaubnis** und **Angehörige von Leder oder Pelz verarbeitenden Berufen** dürfen abweichend von § 2 Abs. 3 **Umgang mit Faustmessern** nach Anlage 2 Abschnitt 1 Nr. 1.4.2 haben, sofern sie diese Messer zur Ausübung ihrer Tätigkeit benötigen. Inhaber sprengstoffrechtlicher Erlaubnisse (§§ 7 und 27 des Sprengstoffgesetzes) und Befähigungsscheine (§ 20 des Sprengstoffgesetzes) sowie Teilnehmer staatlicher oder staatlich anerkannter Lehrgänge dürfen abweichend von § 2 Absatz 3 Umgang mit explosionsgefährlichen Stoffen oder Gegenständen nach Anlage 2 Abschnitt 1 Nummer 1.3.4 haben, soweit die durch die Erlaubnis oder den Befähigungsschein gestattete Tätigkeit oder die Ausbildung hierfür dies erfordern. Dies gilt insbesondere für Sprengarbeiten sowie Tätigkeiten im Katastrophenschutz oder im Rahmen von Theatern, vergleichbaren Einrichtungen, Film- und Fernsehproduktionsstätten sowie die Ausbildung für derartige Tätigkeiten. **Inhaber eines gültigen Jagdscheins** im Sinne von § 15 Absatz 2 Satz 1 des Bundesjagdgesetzes dürfen abweichend von § 2 Absatz 3 für jagdliche Zwecke **Umgang mit Nachtsichtvorsätzen und Nachtsichtaufsätzen** nach Anlage 2 Abschnitt 1 Nummer 1.2.4.2 haben. Jagdrechtliche Verbote oder Beschränkungen der Nutzung von Nachtsichtvorsatzgeräten und Nachtsichtaufsätzen bleiben unberührt. Satz 4 **gilt entsprechend für Inhaber einer gültigen Erlaubnis nach § 21** Absatz 1 und 2.

(4) Das Bundeskriminalamt kann auf Antrag von den Verboten der Anlage 2 Abschnitt 1 allgemein oder für den Einzelfall Ausnahmen zulassen, wenn die Interessen des Antragstellers auf Grund besonderer Umstände das öffentliche Interesse an der Durchsetzung des Verbots überwiegen. Dies kann insbesondere angenommen werden, wenn die in der Anlage 2 Abschnitt 1 bezeichneten Waffen oder Munition zum Verbringen aus dem Geltungsbereich dieses Gesetzes, für wissenschaftliche oder Forschungszwecke oder zur Erweiterung einer kulturhistorisch bedeutsamen Sammlung bestimmt sind und eine erhebliche Gefahr für die öffentliche Sicherheit nicht zu befürchten ist.

(...)

§ 42 Verbot des Führens von Waffen bei öffentlichen Veranstaltungen

(1) Wer an öffentlichen Vergnügungen, Volksfesten, Sportveranstaltungen, Messen, Ausstellungen, Märkten oder ähnlichen öffentlichen Veranstaltungen teilnimmt, darf keine Waffen im Sinne des § 1 Abs. 2 führen. Dies gilt auch, wenn für die Teilnahme ein Eintrittsgeld zu entrichten ist, sowie für Theater-, Kino- und Diskothekenbesuche und für Tanzveranstaltungen.

(2) Die zuständige Behörde kann allgemein oder für den Einzelfall Ausnahmen von Absatz 1 zulassen, wenn

1. der Antragsteller die erforderliche Zuverlässigkeit (§ 5) und persönliche Eignung (§ 6) besitzt,

2. der Antragsteller nachgewiesen hat, dass er auf Waffen bei der öffentlichen Veranstaltung nicht verzichten kann, und

3. eine Gefahr für die öffentliche Sicherheit oder Ordnung nicht zu besorgen ist.

(3) Unbeschadet des § 38 muss der nach Absatz 2 Berechtigte auch den Ausnahmebescheid mit sich führen und auf Verlangen zur Prüfung aushändigen.

(4) Die Absätze 1 bis 3 sind nicht anzuwenden

1. auf die Mitwirkenden an Theateraufführungen und diesen gleich zu achtenden Vorführungen, wenn zu diesem Zweck ungeladene oder mit Kartuschenmunition geladene Schusswaffen oder Waffen im Sinne des § 1 Abs. 2 Nr. 2 geführt werden,

2. auf das Schießen in Schießstätten (§ 27),

3. soweit eine Schießerlaubnis nach § 10 Abs. 5 vorliegt,

4. auf das gewerbliche Ausstellen der in Absatz 1 genannten Waffen auf Messen und Ausstellungen.

(...)

(6) Die Landesregierungen werden ermächtigt, durch Rechtsverordnung vorzusehen, dass das **Führen von Waffen** im Sinne des § 1 Absatz 2 **oder** von **Messern mit feststehender oder feststellbarer Klinge mit einer Klingenlänge über vier Zentimeter** an folgenden Orten verboten oder beschränkt werden kann, wenn Tatsachen die Annahme rechtfertigen, dass das Verbot oder die Beschränkung zur Abwehr von Gefahren für die öffentliche Sicherheit erforderlich ist:

1. auf bestimmten öffentlichen Straßen, Wegen oder Plätzen, auf denen Menschenansammlungen auftreten können,

2. in oder auf bestimmten Gebäuden oder Flächen mit öffentlichem Verkehr, in oder auf denen Menschenansammlungen auftreten können, und die einem Hausrecht unter- liegen, insbesondere in Einrichtungen des öffentlichen Personenverkehrs, in Einkaufszentren sowie in Veranstaltungsorten,

3.in bestimmten Jugend- und Bildungseinrichtungen sowie

4. auf bestimmten öffentlichen Straßen, Wegen oder Plätzen, die an die in den Nummern 2 und 3 genannten Orte oder Einrichtungen angrenzen.

In der Rechtsverordnung nach Satz 1 ist eine **Ausnahme** vom Verbot oder von der Beschränkung für Fälle vorzusehen, in denen für das Führen der Waffe oder des Messers ein berechtigtes Interesse vorliegt.

Ein **berechtigtes Interesse** liegt insbesondere vor bei

1. Inhabern waffenrechtlicher Erlaubnisse,

2. Anwohnern, Anliegern und dem Anlieferverkehr,

3. Gewerbetreibenden und bei ihren Beschäftigten oder bei von den Gewerbetreibenden Beauftragten, die Messer im Zusammenhang mit ihrer Berufsausübung führen,

4. Personen, die Messer im Zusammenhang mit der Brauchtumspflege oder der Ausübung des Sports führen,

5. Personen, die eine Waffe oder ein Messer nicht zugriffsbereit von einem Ort zum anderen befördern, und

6. Personen, die eine Waffe oder ein Messer mit Zustimmung eines anderen in dessen Hausrechtsbereich nach Satz 1 Nummer 2 führen, wenn das Führen dem Zweck des Aufenthalts in dem Hausrechtsbereich dient oder im Zusammenhang damit steht.

Die Landesregierungen können ihre Befugnis nach Satz 1 in Verbindung mit Satz 2 durch Rechtsverordnung auf die zuständige oberste Landesbehörde übertragen; diese kann die Befugnis durch Rechtsverordnung weiter übertragen.

§ 42a Verbot des Führens von Anscheinswaffen und bestimmten tragbaren Gegenständen

(1) Es ist verboten

1. **Anscheinswaffen**,

2. Hieb- und Stoßwaffen nach Anlage 1 Abschnitt 1 Unterabschnitt 2 Nr. 1.1 oder

3. Messer mit einhändig feststellbarer Klinge (**Einhandmesser**) oder **feststehende Messer mit einer Klingenlänge über 12 cm**

zu führen.

(2) Absatz 1 gilt nicht

1. für die Verwendung bei Foto-, Film- oder Fernsehaufnahmen oder Theateraufführungen,

2. für den Transport in einem **verschlossenen** Behältnis,

3. für das Führen der Gegenstände nach Absatz 1 Nr. 2 und 3, sofern ein **berechtigtes Interesse** vorliegt.

Weitergehende Regelungen bleiben unberührt.

(3) Ein **berechtigtes Interesse** nach Absatz 2 Satz 1 Nr. 3 liegt insbesondere vor, wenn das Führen der Gegenstände im Zusammenhang mit der **Berufsausübung** erfolgt, der Brauchtumspflege, dem Sport oder einem allgemein anerkannten Zweck dient.

Anlage 1 (zu § 1 Abs. 4), Auszug

Abschnitt 2: Waffenrechtliche Begriffe

Im Sinne dieses Gesetzes

1. **erwirbt** eine Waffe oder Munition, wer die tatsächliche Gewalt darüber erlangt,

2. **besitzt** eine Waffe oder Munition, wer die tatsächliche Gewalt darüber ausübt,

3. **überlässt** eine Waffe oder Munition, wer die tatsächliche Gewalt darüber einem anderen einräumt,

4. **führt** eine Waffe, wer die tatsächliche Gewalt darüber außerhalb der eigenen Wohnung, Geschäftsräume, des eigenen befriedeten Besitztums oder einer Schießstätte ausübt,

5. **verbringt** eine Waffe oder Munition, wer diese Waffe oder Munition über die Grenze zum dortigen Verbleib oder mit dem Ziel des Besitzwechsels in den, durch den oder aus dem Geltungsbereich des Gesetzes zu einer anderen Person oder zu sich selbst transportieren lässt oder selbst transportiert,

6. **nimmt** eine Waffe oder Munition **mit**, wer diese Waffe oder Munition vorübergehend auf einer Reise ohne Aufgabe des Besitzes zur Verwendung über die Grenze in den, durch den oder aus dem Geltungsbereich des Gesetzes bringt,

7. **schießt**, wer mit einer Schusswaffe Geschosse durch einen Lauf verschießt, Kartuschenmunition abschießt, mit Patronen- oder Kartuschenmunition Reiz- oder andere Wirkstoffe verschießt oder pyrotechnische Munition verschießt,

(...)

10. sind **Kinder** Personen, die noch nicht 14 Jahre alt sind,

11. sind **Jugendliche** Personen, die mindestens 14, aber noch nicht 18 Jahre alt sind;

12. ist eine Waffe **schussbereit**, wenn sie geladen ist, das heißt, dass Munition oder Geschosse in der Trommel, im in die Waffe eingefügten Magazin oder im Patronen- oder Geschosslager sind, auch wenn sie nicht gespannt ist;

13. ist eine Schusswaffe **zugriffsbereit**, wenn sie **unmittelbar in Anschlag** gebracht werden kann; sie ist **nicht zugriffsbereit**, wenn sie in einem **verschlossenen** Behältnis mitgeführt wird,

14. sind **Mitgliedsstaaten** die Mitgliedsstaaten der Europäischen Union und gelten als Mitgliedsstaaten auch die Vertragsstaaten des Schengener Übereinkommens.

Anlage 2 (zu § 2 Abs. 2 bis 4) Waffenliste, Auszug

Abschnitt 1: Verbotene Waffen

Der Umgang mit Ausnahme der Unbrauchbarmachung mit folgenden Waffen und Munition ist verboten:

1.1 Waffen (§ 1 Abs. 2), mit Ausnahme halbautomatischer tragbarer Schusswaffen, die in der Anlage zum Gesetz über die Kontrolle von Kriegswaffen (Kriegswaffenliste) in der Fassung der Bekanntmachung vom 22. November 1990 (BGBl. I S. 2506) oder deren Änderungen aufgeführt sind, nach Verlust der Kriegswaffeneigenschaft;

1.2 Schusswaffen im Sinne des § 1 Abs. 2 Nr. 1 nach den Nummern 1.2.1 bis 1.2.3 und deren Zubehör nach Nummer 1.2.4, die

1.2.1

1.2.1.1 **Vollautomaten** im Sinne der Anlage 1 Abschnitt 1 Unterabschnitt 1 Nr. 2.2 sind oder

1.2.1.2 Vorderschaftrepetierflinten, bei denen **anstelle** des Hinterschaftes ein **Kurzwaffengriff** vorhanden ist oder die **Waffengesamtlänge** in der **kürzest möglichen Verwendungsform weniger als 95 cm** oder die **Lauflänge weniger als 45 cm** beträgt, sind;

1.2.2 ihrer Form nach geeignet sind, einen anderen Gegenstand vorzutäuschen oder die mit Gegenständen des täglichen Gebrauchs verkleidet sind (z. B. Koppelschlosspistolen, Schießkugelschreiber, Stockgewehre, Taschenlampenpistolen);

1.2.3 über den für Jagd- und Sportzwecke allgemein üblichen Umfang hinaus zusammengeklappt, zusammengeschoben, verkürzt oder schnell zerlegt werden können;

1.2.4 **für Schusswaffen bestimmte**

1.2.4.1 Vorrichtungen sind, die das Ziel **beleuchten** (z. B. Zielscheinwerfer) oder **markieren** (z.B. Laser oder Zielpunktprojektoren);

1.2.4.2 Nachtsichtgeräte und Nachtzielgeräte **mit Montagevorrichtung für Schusswaffen** sowie Nachtsichtvorsätze und Nachtsichtaufsätze für Zielhilfsmittel (z.B. Zielfernrohre) sind, sofern die Gegenstände einen Bildwandler oder eine elektronische Verstärkung besitzen;

1.2.4.3 **Wechselmagazine** für **Kurzwaffen** für **Zentralfeuermunition** sind, die **mehr als 20 Patronen** des kleinsten nach Herstellerangabe bestimmungsgemäß verwendbaren Kalibers aufnehmen können;

1.2.4.4 **Wechselmagazine** für **Langwaffen** für **Zentralfeuermunition** sind, die **mehr als zehn Patronen** des kleinsten nach Herstellerangabe bestimmungsgemäß verwendbaren Kalibers aufnehmen können; ein Wechselmagazin, das sowohl in Kurz- als auch in Langwaffen verwendbar ist, gilt als Magazin für Kurzwaffen, wenn nicht der Besitzer gleichzeitig über eine Erlaubnis zum Besitz einer Langwaffe verfügt, in der das Magazin verwendet werden kann;

1.2.4.5 **Magazingehäuse für Wechselmagazine** nach den Nummern 1.2.4.3 und 1.2.4.4 sind;

1.2.5 mehrschüssige Kurzwaffen sind, deren Baujahr nach dem 1. Januar 1970 liegt, für **Zentralfeuermunition in Kalibern unter 6,3 mm**, wenn der Antrieb der Geschosse nicht ausschließlich durch den Zündsatz erfolgt;

1.2.6 **halbautomatische Kurzwaffen für Zentralfeuermunition** sind, die über ein **eingebautes Magazin** mit einer Kapazität von **mehr als 20 Patronen** des kleinsten nach Herstellerangabe bestimmungsgemäß verwendbaren Kalibers verfügen;

1.2.7 **halbautomatische Langwaffen für Zentralfeuermunition** sind, die über ein **eingebautes Magazin** mit einer Kapazität von **mehr als zehn Patronen** des kleinsten nach Herstellerangabe bestimmungsgemäß verwendbaren Kalibers verfügen;

1.2.8 nach diesem Abschnitt **verbotene Schusswaffen** sind, die **zu Salutwaffen** im Sinne von Anlage 1 Abschnitt 1 Unterabschnitt 1 Nummer 1.5 **umgebaut** worden sind;

1.3 Tragbare Gegenstände im Sinne des § 1 Abs. 2 Nr. 2 Buchstabe a nach den Nummern 1.3.1 bis 1.3.8

1.3.1 Hieb- oder Stoßwaffen, die ihrer Form nach geeignet sind, einen anderen Gegenstand vorzutäuschen, oder die mit Gegenständen des täglichen Gebrauchs verkleidet sind;

1.3.2 Stahlruten, Totschläger oder Schlagringe;

(...)

1.4 Tragbare Gegenstände im Sinne des § 1 Abs. 2 Nr. 2 Buchstabe b nach den Nummern 1.4.1 bis 1.4.4

1.4.1 Spring- und Fallmesser nach Anlage 1 Abschnitt 1 Unterabschnitt 2 Nr. 2.1.1 und 2.1.2. Hiervon ausgenommen sind Springmesser, wenn die Klinge seitlich aus dem Griff herausspringt und der aus dem Griff herausragende Teil der Klinge

- höchstens 8,5 cm lang ist und

- nicht zweiseitig geschliffen ist;

1.4.2 Faustmesser nach Anlage 1 Abschnitt 1 Unterabschnitt 2 Nr. 2.1.3,

1.4.3 Butterflymesser nach Anlage 1 Abschnitt 1 Unterabschnitt 2 Nr. 2.1.4,

1.4.4 Gegenstände, die unter Ausnutzung einer anderen als mechanischen Energie Tieren Verletzungen beibringen (z. B. Elektroimpulsgeräte), sofern sie nicht als gesundheitlich unbedenklich amtlich zugelassen sind und ein amtliches Prüfzeichen tragen zum Nachweis der gesundheitlichen Unbedenklichkeit oder bestimmungsgemäß in der Tierhaltung Verwendung finden.

(...)

Abschnitt 2: Erlaubnispflichtige Waffen

Unterabschnitt 2: Erlaubnisfreie Arten des Umgangs

2. Erlaubnisfreier Erwerb durch Inhaber einer Waffenbesitzkarte (unbeschadet der Anzeige- und Eintragungspflicht nach § 37a und 37g)

2.1 Wechsel- und Austauschläufe gleichen oder geringeren Kalibers einschließlich der für diese Läufe erforderlichen auswechselbaren Verschlüsse (Wechselsysteme);

2.2 Wechseltrommeln, aus denen nur Munition verschossen werden kann, bei der gegenüber der für die Waffe bestimmten Munition Geschossdurchmesser und höchstzulässiger Gebrauchsgasdruck gleich oder geringer sind;

für Schusswaffen, die bereits in der Waffenbesitzkarte des Inhabers einer Erlaubnis eingetragen sind.

2a. Erlaubnisfreier Erwerb und Besitz durch Inhaber einer Waffenbesitzkarte

Einsteckläufe und dazugehörige Verschlüsse (Einstecksysteme) sowie Einsätze, die dazu bestimmt sind, Munition mit kleinerer Abmessung zu verschießen, und die keine Einsteckläufe sind;

für Schusswaffen, die bereits in der Waffenbesitzkarte des Inhabers einer Erlaubnis eingetragen sind.

6.2. Allgemeine Waffengesetz-Verordnung (AWaffV) - Auszug

§ 13 Aufbewahrung von Waffen oder Munition

(1) Schusswaffen, deren Erwerb und Besitz erlaubnispflichtig sind, verbotene Waffen und verbotene Munition sind ungeladen und in einem Behältnis aufzubewahren, das

1. mindestens der Norm DIN/EN 1143-1 (Stand Mai 1997, Oktober 2002, Februar 2006, Januar 2010, Juli 2012 oder Juli 2019) mit dem in Absatz 2 geregelten Widerstandsgrad und Gewicht entspricht und

2. zum Nachweis dessen über eine Zertifizierung durch eine akkreditierte Stelle gemäß Absatz 10 verfügt.

Der in Satz 1 Nummer 1 genannten Norm gleichgestellt sind Normen eines anderen Mitgliedstaates des Übereinkommens über den Europäischen Wirtschaftsraum, die das gleiche Schutzniveau aufweisen. Die zuständige Behörde kann eine andere gleichwertige Aufbewahrung der Waffen und Munition zulassen. Vergleichbar gesicherte Räume sind als gleichwertig anzusehen. Alternative Sicherungseinrichtungen, die keine Behältnisse oder Räume sind, sind zulässig, sofern sie

1. ein den jeweiligen Anforderungen mindestens gleichwertiges Schutzniveau aufweisen und

2. zum Nachweis dessen über eine Zertifizierung durch eine akkreditierte Stelle gemäß Absatz 10 verfügen.

(2) Wer Waffen oder Munition besitzt, hat diese **ungeladen** und unter Beachtung der folgenden Sicherheitsvorkehrungen und zahlenmäßigen Beschränkungen aufzubewahren:

1. mindestens in einem verschlossenen Behältnis: Waffen oder Munition, deren Erwerb von der Erlaubnispflicht freigestellt ist;

2. mindestens in einem Stahlblechbehältnis ohne Klassifizierung mit Schwenkriegelschloss oder einer gleichwertigen Verschlussvorrichtung oder in einem gleichwertigen Behältnis: Munition, deren Erwerb nicht von der Erlaubnispflicht freigestellt ist;

3. in einem Sicherheitsbehältnis, das mindestens der Norm DIN/EN 1143-1 Widerstandsgrad 0 (Stand Mai 1997, Oktober 2002, Februar 2006, Januar 2010, Juli 2012 oder Juli 2019) entspricht und bei dem das Gewicht des Behältnisses 200 Kilogramm unterschreitet:

a) eine unbegrenzte Anzahl von Langwaffen und insgesamt bis zu fünf nach Anlage 2 Abschnitt 1 Nummer 1.1 bis 1.2.3 und 1.2.5 des Waffengesetzes verbotene Waffen und Kurzwaffen (Anlage 1 Abschnitt 1 Unterabschnitt 1 Nummer 2.5 des Waffengesetzes), für deren Erwerb und Besitz es ihrer Art nach einer Erlaubnis bedarf, und

b) zusätzlich eine unbegrenzte Anzahl nach Anlage 2 Abschnitt 1 Nummer 1.2.4 bis 1.2.4.2 und 1.3 bis 1.4.4 des Waffengesetzes verbotener Waffen sowie

c) zusätzlich Munition;

4. in einem Sicherheitsbehältnis, das mindestens der Norm DIN/EN 1143-1 Widerstandsgrad 0 (Stand Mai 1997, Oktober 2002, Februar 2006, Januar 2010, Juli 2012 oder Juli 2019) entspricht und bei dem das Gewicht des Behältnisses mindestens 200 Kilogramm beträgt:

a) eine unbegrenzte Anzahl von Langwaffen und bis zu zehn nach Anlage 2 Abschnitt 1 Nummer 1.1 bis 1.2.3 und 1.2.5 des Waffengesetzes verbotene Waffen und Kurzwaffen (Anlage 1 Abschnitt 1 Unterabschnitt 1 Nummer 2.5 des Waffengesetzes), für deren Erwerb und Besitz es ihrer Art nach einer Erlaubnis bedarf, und

b) zusätzlich eine unbegrenzte Anzahl nach Anlage 2 Abschnitt 1 Nummer 1.2.4 bis 1.2.4.2 und 1.3 bis 1.4.4 des Waffengesetzes verbotener Waffen sowie

c) zusätzlich Munition;

5. in einem Sicherheitsbehältnis, das mindestens der Norm DIN/EN 1143-1 Widerstandsgrad I (Stand Mai 1997, Oktober 2002, Februar 2006, Januar 2010, Juli 2012 oder Juli 2019) entspricht:

a) eine unbegrenzte Anzahl von Lang- und Kurzwaffen (Anlage 1 Abschnitt 1 Unterabschnitt 1 Nummer 2.5 des Waffengesetzes), für deren Erwerb und Besitz es ihrer Art nach einer Erlaubnis bedarf,

b) eine unbegrenzte Anzahl nach Anlage 2 Abschnitt 1 Nummer 1.1 bis 1.4.4 des Waffengesetzes verbotener Waffen sowie

c) Munition.

(3) Bei der Bestimmung der Zahl der Waffen, die nach Absatz 2 in einem Sicherheitsbehältnis aufbewahrt werden dürfen, bleiben außer Betracht:

1. **wesentliche Teile von Schusswaffen und Schalldämpfer** nach Anlage 1 Abschnitt 1 Unterabschnitt 1 Nummer 1.3 bis 1.3.4 des Waffengesetzes,

2. **Vorrichtungen** nach Anlage 2 Abschnitt 1 Nummer 1.2.4.1 des Waffengesetzes, **die das Ziel beleuchten oder markieren**, und

3. **Nachtsichtgeräte, -vorsätze und -aufsätze sowie Nachtzielgeräte** nach Anlage 2 Abschnitt 1 Nummer 1.2.4.2 des Waffengesetzes.

Satz 1 Nummer 1 gilt nur, sofern die zusammen aufbewahrten wesentlichen Teile **nicht zu einer schussfähigen Waffe zusammengefügt** werden können.

(4) In einem **nicht dauernd bewohnten Gebäude** dürfen **nur bis zu drei Langwaffen**, zu deren Erwerb und Besitz es einer Erlaubnis bedarf, aufbewahrt werden. Die Aufbewahrung darf nur in einem mindestens der Norm DIN/EN 1143-1 Widerstandsgrad I entsprechenden Sicherheitsbehältnis erfolgen. Die zuständige Behörde kann Abweichungen in Bezug auf die Art oder Anzahl der aufbewahrten Waffen oder das Sicherheitsbehältnis auf Antrag zulassen.

(6) Die zuständige Behörde kann auf Antrag von Anforderungen an Sicherheitsbehältnisse, Waffenräume oder alternative Sicherungseinrichtungen nach den Absätzen 1 und 2 absehen, wenn ihre Einhaltung unter Berücksichtigung der Art und der Anzahl der Waffen und der Munition und ihrer Gefährlichkeit für die öffentliche Sicherheit und Ordnung **eine besondere Härte** darstellen würde. In diesem Fall hat sie die niedrigeren Anforderungen festzusetzen.

(8) Die **gemeinschaftliche Aufbewahrung** von Waffen oder Munition durch berechtigte Personen, die in einer **häuslichen Gemeinschaft** leben, ist zulässig.

(9) Bei der **vorübergehenden Aufbewahrung** von Waffen im Sinne des Absatzes 1 Satz 1 oder des Absatzes 2 oder von Munition außerhalb der Wohnung, insbesondere im Zusammenhang mit der Jagd oder dem sportlichen Schießen, hat der Verpflichtete die Waffen oder Munition unter angemessener Aufsicht aufzubewahren oder durch sonstige erforderliche Vorkehrungen gegen Abhandenkommen oder unbefugte Ansichnahme zu sichern, wenn die Aufbewahrung gemäß den Anforderungen des Absatzes 1 und 2 nicht möglich ist.

(...)

6.3. Bundesjagdgesetz (BJagdG) – Auszug

§ 1 Inhalt des Jagdrechts

(1) Das Jagdrecht ist die ausschließliche Befugnis, auf einem bestimmten Gebiet wildlebende Tiere, die dem Jagdrecht unterliegen, (Wild) zu hegen, auf sie die Jagd auszuüben und sie sich anzueignen. Mit dem Jagdrecht ist die Pflicht zur Hege verbunden.

(2) Die Hege hat zum Ziel die Erhaltung eines den landschaftlichen und landeskulturellen Verhältnissen angepassten artenreichen und gesunden Wildbestandes sowie die Pflege und Sicherung seiner Lebensgrundlagen; auf Grund anderer Vorschriften bestehende gleichartige Verpflichtungen bleiben unberührt. Die Hege muss so durchgeführt werden, dass Beeinträchtigungen einer ordnungsgemäßen land-, forst- und fischereiwirtschaftlichen Nutzung, insbesondere Wildschäden, möglichst vermieden werden.

(3) Bei der Ausübung der Jagd sind die allgemein anerkannten Grundsätze deutscher Weidgerechtigkeit zu beachten.

(4) Die Jagdausübung erstreckt sich auf das Aufsuchen, Nachstellen, Erlegen und Fangen von Wild.

(5) Das Recht zur Aneignung von Wild umfasst auch die ausschließliche Befugnis, krankes oder verendetes Wild, Fallwild und Abwurfstangen sowie die Eier von Federwild sich anzueignen.

(6) Das Jagdrecht unterliegt den Beschränkungen dieses Gesetzes und der in seinem Rahmen ergangenen landesrechtlichen Vorschriften.

§ 15 Allgemeines

(1) Wer die Jagd ausübt, muss einen auf seinen Namen lautenden Jagdschein mit sich führen und diesen auf Verlangen den Polizeibeamten sowie den Jagdschutzberechtigten (§ 25) vorzeigen. Zum Sammeln von Abwurfstangen bedarf es nur der schriftlichen Erlaubnis des Jagdausübungsberechtigten. Wer die Jagd mit Greifen oder Falken (Beizjagd) ausüben will, muss einen auf seinen Namen lautenden Falknerjagdschein mit sich führen.

(2) Der Jagdschein wird von der für den Wohnsitz des Bewerbers zuständigen Behörde als Jahresjagdschein für höchstens drei Jagdjahre (§ 11 Abs. 4) oder als Tagesjagdschein für vierzehn aufeinanderfolgende Tage nach einheitlichen, vom Bundesministerium für Ernährung und Landwirtschaft (Bundesministerium) bestimmten Mustern erteilt.

(3) Der Jagdschein gilt im gesamten Bundesgebiet.

(4) Für Tagesjagdscheine für Ausländer dürfen nur die Gebühren für Inländer erhoben werden, wenn das Heimatland des Ausländers die Gegenseitigkeit gewährleistet.

(5) Die erste Erteilung eines Jagdscheines ist davon abhängig, dass der Bewerber im Geltungsbereich dieses Gesetzes eine Jägerprüfung bestanden hat, die aus einem schriftlichen und einem mündlich-praktischen Teil und einer Schießprüfung bestehen soll; er muss in der Jägerprüfung ausreichende Kenntnisse der Tierarten, der Wildbiologie, der Wildhege, des Jagdbetriebes, der Wildschadensverhütung, des Land- und Waldbaues, des Waffenrechts, der Waffentechnik, der Führung von Jagdwaffen (einschließlich Faustfeuerwaffen), der Führung von Jagdhunden, in der Behandlung des erlegten Wildes unter besonderer Berücksichtigung der hygienisch erforderlichen Maßnahmen, in der Beurteilung der gesundheitlich unbedenklichen Beschaffenheit des Wildbrets, insbesondere auch hinsichtlich seiner Verwendung als Lebensmittel, und im Jagd-, Tierschutz- sowie Naturschutz- und Landschaftspflegerecht nachweisen; mangelhafte Leistungen in der Schießprüfung sind durch Leistungen in anderen Prüfungsteilen nicht ausgleichbar. Die Länder können die Zulassung zur Jägerprüfung insbesondere vom Nachweis einer theoretischen und praktischen Ausbildung abhängig machen. Für Bewerber, die vor dem 1. April 1953 einen Jahresjagdschein besessen haben, entfällt die Jägerprüfung. Eine vor dem Tag des Wirksamwerdens des Beitritts in der Deutschen Demokratischen Republik

abgelegte Jagdprüfung für Jäger, die mit der Jagdwaffe die Jagd ausüben wollen, steht der Jägerprüfung im Sinne des Satzes 1 gleich.

(6) Bei der Erteilung von Ausländerjagdscheinen können Ausnahmen von Absatz 5 Satz 1 und 2 gemacht werden.

(7) Die erste Erteilung eines Falknerjagdscheines ist davon abhängig, dass der Bewerber im Geltungsbereich dieses Gesetzes zusätzlich zur Jägerprüfung eine Falknerprüfung bestanden hat; er muss darin ausreichende Kenntnisse des Haltens, der Pflege und des Abtragens von Beizvögeln, des Greifvogelschutzes sowie der Beizjagd nachweisen. Für Bewerber, die vor dem 1. April 1977 mindestens fünf Falknerjagdscheine besessen haben, entfällt die Jägerprüfung; gleiches gilt für Bewerber, die vor diesem Zeitpunkt mindestens fünf Jahresjagdscheine besessen und während deren Geltungsdauer die Beizjagd ausgeübt haben. Das Nähere hinsichtlich der Erteilung des Falknerjagdscheines regeln die Länder. Eine vor dem Tag des Wirksamwerdens des Beitritts in der Deutschen Demokratischen Republik abgelegte Jagdprüfung für Falkner steht der Falknerprüfung im Sinne des Satzes 1 gleich.

§ 16 Jugendjagdschein

(1) Personen, die das sechzehnte Lebensjahr vollendet haben, aber noch nicht achtzehn Jahre alt sind, darf nur ein Jugendjagdschein erteilt werden.

(2) Der Jugendjagdschein berechtigt nur zur Ausübung der Jagd in Begleitung des Erziehungsberechtigten oder einer von dem Erziehungsberechtigten schriftlich beauftragten Aufsichtsperson; die Begleitperson muss jagdlich erfahren sein.

(3) Der Jugendjagdschein berechtigt nicht zur Teilnahme an Gesellschaftsjagden.

(4) Im übrigen gilt § 15 entsprechend.

§ 17 Versagung des Jagdscheines

(1) Der Jagdschein ist zu versagen

1. Personen, die noch nicht sechzehn Jahre alt sind;

2. Personen, bei denen Tatsachen die Annahme rechtfertigen, dass sie die erforderliche Zuverlässigkeit oder körperliche Eignung nicht besitzen;

3. Personen, denen der Jagdschein entzogen ist, während der Dauer der Entziehung oder einer Sperre (§§ 18, 41 Abs. 2);

4. Personen, die keine ausreichende Jagdhaftpflichtversicherung (fünfhunderttausend Euro für Personenschäden und fünfzigtausend Euro für Sachschäden) nachweisen; die Versicherung kann nur bei einem Versicherungsunternehmen mit Sitz in der Europäischen Union oder mit Niederlassung im Geltungsbereich des Versicherungsaufsichtsgesetzes genommen werden; die Länder können den Abschluss einer Gemeinschaftsversicherung ohne Beteiligungszwang zulassen.

Fehlen die Zuverlässigkeit oder die persönliche Eignung im Sinne der §§ 5 und 6 des Waffengesetzes, darf nur ein Jagdschein nach § 15 Abs. 7 erteilt werden.

(2) Der Jagdschein kann versagt werden

1. Personen, die noch nicht achtzehn Jahre alt sind;

2. Personen, die nicht Deutsche im Sinne des Artikels 116 des Grundgesetzes sind;

3. Personen, die nicht mindestens drei Jahre ihren Wohnsitz oder ihren gewöhnlichen Aufenthalt ununterbrochen im Geltungsbereich dieses Gesetzes haben;

4. Personen, die gegen die Grundsätze des § 1 Abs. 3 schwer oder wiederholt verstoßen haben.

(3) Die erforderliche Zuverlässigkeit besitzen Personen nicht, wenn Tatsachen die Annahme rechtfertigen, dass sie

1. Waffen oder Munition missbräuchlich oder leichtfertig verwenden werden;

2. mit Waffen oder Munition nicht vorsichtig und sachgemäß umgehen und diese Gegenstände nicht sorgfältig verwahren werden;

3. Waffen oder Munition an Personen überlassen werden, die zur Ausübung der tatsächlichen Gewalt über diese Gegenstände nicht berechtigt sind.

(4) Die erforderliche Zuverlässigkeit besitzen in der Regel Personen nicht, die

1.

a) wegen eines Verbrechens,

b) wegen eines vorsätzlichen Vergehens, das eine der Annahmen im Sinne des Absatzes 3 Nr. 1 bis 3 rechtfertigt,

c) wegen einer fahrlässigen Straftat im Zusammenhang mit dem Umgang mit Waffen, Munition oder Sprengstoff,

d) wegen einer Straftat gegen jagdrechtliche, tierschutzrechtliche oder naturschutzrechtliche Vorschriften, das Waffengesetz, das Gesetz über die Kontrolle von Kriegswaffen oder das Sprengstoffgesetz

zu einer Freiheitsstrafe, Jugendstrafe, Geldstrafe von mindestens 60 Tagessätzen oder mindestens zweimal zu einer geringeren Geldstrafe rechtskräftig verurteilt worden sind, wenn seit dem Eintritt der Rechtskraft der letzten Verurteilung fünf Jahre nicht verstrichen sind; in die Frist wird die Zeit eingerechnet, die seit der Vollziehbarkeit des Widerrufs oder der Rücknahme eines Jagdscheines oder eines Waffenbesitzverbotes nach § 41 des Waffengesetzes wegen der Tat, die der letzten Verurteilung zugrunde liegt, verstrichen ist; in die Frist nicht eingerechnet wird die Zeit, in welcher der Beteiligte auf behördliche oder richterliche Anordnung in einer Anstalt verwahrt worden ist;

2. wiederholt oder gröblich gegen eine in Nummer 1 Buchstabe d genannte Vorschrift verstoßen haben;

3. geschäftsunfähig oder in der Geschäftsfähigkeit beschränkt sind;

4. trunksüchtig, rauschmittelsüchtig, geisteskrank oder geistesschwach sind.

§ 19 Sachliche Verbote

(1) **Verboten** ist

1. mit Schrot, Posten, gehacktem Blei, Bolzen oder Pfeilen, auch als Fangschuss, auf Schalenwild und Seehunde zu schießen;

2.

a) auf Rehwild und Seehunde mit Büchsenpatronen zu schießen, deren Auftreffenergie auf 100 m (E 100) weniger als 1.000 Joule beträgt;

b) auf alles übrige Schalenwild mit Büchsenpatronen unter einem Kaliber von 6,5 mm zu schießen; im Kaliber 6,5 mm und darüber müssen die Büchsenpatronen eine Auftreffenergie auf 100 m (E 100) von mindestens 2.000 Joule haben;

c) mit **halbautomatischen Langwaffen**, die mit insgesamt **mehr als drei Patronen geladen** sind, sowie mit automatischen Waffen auf Wild zu schießen;

d) auf **Wild mit Pistolen oder Revolvern** zu schießen, ausgenommen im Falle der Bau- und Fallenjagd sowie zur Abgabe von **Fangschüssen**, wenn die **Mündungsenergie** der Geschosse **mindestens 200 Joule** beträgt;

...

5.

a) künstliche Lichtquellen, Spiegel, Vorrichtungen zum Anstrahlen oder Beleuchten des Zieles, Nachtzielgeräte, die einen Bildwandler oder eine elektronische Verstärkung besitzen und für Schusswaffen bestimmt sind, Tonbandgeräte oder elektrische Schläge erteilende Geräte beim Fang oder Erlegen von Wild aller Art zu verwenden oder zu nutzen sowie zur Nachtzeit an Leuchttürmen oder Leuchtfeuern Federwild zu fangen;

Sach- und Stichwortverzeichnis